KB059369

표현의 감각

틀리다 — 다르다

인연 — 운명

덕분에 — 때문에

동감 — 공감

가르치다 — 가리키다

표현의 감각

매력적인 사람의
감각적 언어 사용에 대하여

한경혜 지음

양보 — 배려

독설 — 사이다

반칙 — 변칙

청자 — 화자

애플북스

추천사

　다시 만나고 싶은 사람으로 기억되는 것, 매력적인 사람으로 보이고 싶은 마음. 상황과 상대에 따라 적확한 표현을 하는 것만으로도 이룰 수 있는 바람이지 않을까? 상황에 어울리는 언어, 품격을 드러나게 하는 표현, 관계에서 적당한 선을 지켜주는 존중과 배려까지, 이 책에 등장하는 소설 속 인물들을 통해 모두 확인할 수 있을 것이다. 오늘도 감각적인 선택으로 서로에게 무해하고 매력적인 사람으로 남을 수 있기를.

- 윤건(가수)

　사람들을 만나지 않을수록 많은 문자가 날아온다. 이메일과 텍스트와 SNS 메시지 등을 통해 짧게 요약된 용건들이 수없이 날아온다. 형제들도 배려랍시고 되도록 짧은 메시지를 보낸다. 그러니 짧은 글을 통해 나는 보내는 사람의 지성과 인성, 행간의 의미까지 읽어내야 한다. 짧은 한두 문장에 사람의 전부가 담겨 있다고 할 수는 없을 테다. 하지만 언제부턴가 비대면 상태의 소통을 통해 나는 사람들을 판단한다. 가족이 보내는 문자도 내겐 그들의 근황을 판단하는 근거가 된다. 문자를 통해 이들이 요즘 책한 권 읽지 않고 산다는 사실을 알게 되고, 정서가 메말라가고 있다는 경보음도 듣는다. 심지어 한 동생은 오탈자를 무시하는 심성을 가지게 되었음도 깨닫는다. 요즘 내 고민은 '어떻게 하면 그들의 마음을 상하지 않게 이 같은 내 생각을 전할 수 있을까'이다. 이 기막힌 시점에 이 글을 읽게 되었다. 긴말이 필요 없겠다. 이 책을 통해 내 생각을 전하면 되겠다.

- 조은(시인)

차례

:

1부

말의 표정

「커피 한잔 마실까요?」

. . .

    오늘 그녀가 직장에서 잘릴 확률은 몇 프로였을까? 이 문장으로 사람들은 짐작한다. 그녀가 직장에서 잘렸음을. 비정규직이 많은 시대이다 보니 '왜 잘렸을까?' 하는 이유는 뒤로 밀린다. 그녀가 몇 살인지, 대책은 있는지, 다시 취직은 할 수 있을는지가 차례로 궁금하다.

    오늘 아침, 그녀는 어제와 같은 시간에 일어나 출근 준비를 했다. 어제와 같은 시간에 회사에 도착해선 어제와 같은 동선으로 준비실로 이동했다.

    준비실에 놓인 캡슐 커피가 떨어진 것은 우연이었을까, 필연이었을까?

    그녀는 모닝커피가 고팠다. 자연 회사 옆 건물 1층에 있는 커피 전문점을 떠올렸다. 10분이면 다녀올 수 있을 거라 믿은 게 퇴사의 원인이라고 말하지는 않겠다.

    하필 커피 전문점은 회의를 앞둔 인근 회사에서 주문한 커피 30잔을 내리느라 분주했다. 꽤 기다려야 했으나 업무 개시 시간을 넘기진 않을 거란 계산에 그녀는 기다렸다. 업무 개시 시간 2분을 넘겨 커피를 들고 자리로 돌아왔을 때 그녀는 조금 낭패했다. 그새 캡슐을 보충했는지 다른 직원들은 머그잔에 내린 커피를 마시면서 업무를 개시한 뒤였다.

'포장디자인부'라는 푯말이 풍경처럼 매달려 있는 공간으로 들어가 자리에 앉는데 사무실 문이 열리고 경영이사가 그녀를 불렀다.

"강세연 씨, 좀 봅시다."

성마른 말투와 표정에서 세연은 불안한 전조를 느꼈다. 2년 근로 계약 하여 1년 9개월 근무를 마쳤다. 성실하게 근무했고 회사 사정도 나아졌기에 다음 달엔 정규직으로 전환하는 예비 발령을 기대했다.

경영이사가 선택한 '좀 봅시다' 네 글자는 결과를 미리 알기에 충분했다.

"강세연 씨, 커피 한잔 마실까요?"
"강세연 씨, 우리 잠깐 이야기를 나눌까요?"
"강세연 씨, 시간 좀 주시겠어요?"

여러 가지로 달리 말할 수 있는데도 불구하고 결과를 예측하고, 각오하고 들어오라는 말투는 주변 분위기까지 차갑게 식혔다.

달라질 결론이 아니라고 해도 말은 달라질 수 있을 텐데. 말에 표정이 있다는 것을 왜 우린 자주 놓치는 걸까?

다른 건 온도 때문이다

「나는」 ＊ 「나도」

．
．
．

'나는 똑같은 사람이 될래.' 하고 결심할 때 상황은 긍정적이지 않다. 눈에는 눈, 이에는 이. 이이제이를 떠올리기 쉬운 까닭이다. 상황이 긍정적이라면 '나도 똑같은 사람이 될래.'라고 결심할 것이다. 닮고 싶다는 의미를 내포하기에 그렇다. 세연은 주로 그렇게 구분하여 사용해 왔다.

때로 나'는'과 나'도'라는 조사는 전혀 다른 온도로 사용되기도 한다.

'나도 똑같이 해줘야지.'

'나는 똑같이 할 수 있을까?'

괜스레 트집이 잡혔을 때 반항하듯 되돌려 주겠노라고 '나도' 결심하는 것, 그리고 선망하여 닮고 싶은 마음을 내밀하게 '나는' 이라고 자문하는 것엔 커다란 차이가 있다.

'너도 어디 한번 당해봐.'

'나는 너처럼 살지 않을 거야.'

'나도 저렇게 환하게 웃을 수 있는 날이 왔으면 좋겠다.'

'나는 왜 이 모양일까?'

같은 말이라도 나 '는'과 나 '도'가 다양하게 의미 변형 되듯 '똑 같다'는 것 역시 쓰이는 온도가 다르다.

억양에 따라서 얼마든지 다르게 해석되는 문장을 밟고 세연은 이사실에 도착했다.

관계가 달라진다

「덕분에」 ＊ 「때문에」

.
.
.

중소기업의 경영이사가 쓰는 사무실이라기엔 치장이 화려하고 공간도 넓었다. 겉모습에 치중한 느낌이 강했다. 경영이사는 상석에 앉아 설명할 수 없는 표정을 짓고 있었다. 곤혹스러우면서도 불쾌한 기분에 휘감긴, 상충하는 감정은 서로 어울리기엔 몹시 거리가 멀었다.

세연은 경영이사가 할 말을 짐작하며 그가 앉은 소파 맞은편에 앉았다.

"그동안 열심히 일해줘서 정규직 전환 하려고 했는데 말이죠. 커피에 그렇게 목숨을 걸고 말이죠. 회사 사정이……."

"말이 아닌 거죠. 좀 더 솔직히 말하면 고노동에 저임금으로 부려먹을 수 있는 인력이 천진데, 저 같은 늙다리는 정규직으로 발령 내기 싫은 거고요. 하필 일하겠다고 출근해선 커피부터 사러 나갔다 왔네요. 쫓아내기 딱 좋게."

똑같은 사람이 되려고 들어온 세연으로선 경영이사의 말을 끝까지 들어주기 싫었다. 사장을 대신해 악역을 맡아야 하는 그의 곤란함을 모르는 바는 아니지만, 방법이 틀렸다고 말해주고 싶었다. 그가 위악적으로 상황을 이용하고 있는 꼴불견을 들켰다고 짚어주고 싶었다.

"강세연 씨!"

"참 이상한 게 회사 매출은 오르는데 사정은 어려워져서 정규직 전환은 번번이 꺼리더라 이겁니다. 중소기업들은 하나같이 그러더군요."

세연이 따따부따하자 경영이사는 말을 잇지 못했다.

"그래서 중소기업을 못 벗어나나 봐요."

"어허, 강세연 씨!"

"커피 덕분에 저 잘렸으니 앞으로 회사에 커피는 떨어지지 않게 해주세요. 실업 급여는 받게 해주시고요."

사장의 사촌 동생인가 누군가가 디자인 전문 회사를 창업했다는 말이 돌았다. 디자인부 자체가 없어지는 게 아닐까 하고 회사는 내내 흉흉했다. 소문을 뒤로한 채 세연은 회사 사정이 좋아졌다는 것에만 주목했다. 고용에 긍정적인 신호로 예상했다.

중견기업이 되면 저리의 정책자금지원, 채용 인센티브, 세제 혜택 등이 사라진다. 오히려 규제는 대폭 늘어난다. 규제 없이 혜택을 받기 위해 회사는 기업 쪼개기를 하면서 직원 수 줄이기를 실행한 것이다. 기존의 정규직 직원들은 계열사 개념이 된 회사로 인사이동을 내고 있었다. 그랬으니 계약직들로선 정규직 전환은커녕 계약 연장조차 물 건너간 일이 아니겠는가.

기왕 결정한 사항, 좋은 말로 하면 어땠을까 생각해 본다.

"알다시피 돌발 변수가 생겼군요. 약속을 못 지키게 됐어요. 정말 면목이 없어요."라거나, "강세연 씨 같은 능력자 놓치는 건 우리로선 손해인데 말이죠, 곤란하게 됐습니다." 정도.

그랬으면 웃으면서 짐을 쌀 수 있었을 것이다. 디자인 회사가 왕창 커져서 손이 필요하게 되면 그때 불러달라고 너스레를 떨 수도 있었을 것이다. 물론 그럴 일은 생기지 않겠지만.

마지막 얼굴로 그 사람을 기억한다면 회사와 세연은 서로에게 미간을 찌푸리는 존재로 기억될 것이다. 근무 기간 내내 행복했고 즐거웠다. 웃을 일도 많았다. 그 시간은 무용해졌다.

산뜻한 이별은 없는 걸까?

사직서는 쓰기도 전에 수리되었다. 인수인계는 사흘 만에 끝났다.

커피를 한잔 마셨다. 하나의 상황에 두 사람의 입장이 갈렸다.

'덕분에'와 '때문에'.

업무 복귀에 늦은 2분은 겨우 2분이 아닌, 무려 2분이 되었다.

고용 연장 불가를 통보할 마땅한 이유가 없던 차에 커피가 이유를 제공해 준 셈이니 회사로선 '덕분에', 졸지에 쫓겨나는 모양새가 되어 버린 세연으로선 커피가 원인이 된 까닭이니 '때문에'.

모두가 '네'라고 할 때
'아니요'라고 하면 미움받는다

「네」 ✳ 「아니요」

．
．
．

직속상관인 디자인 부팀장은 세연을 위로 깊은 눈으로 보며 저녁을 청했다. 정규직 발령이라는 희망을 이루지 못한 동기들도 함께 그 자리를 청했다. 세연과 저녁을 먹기로 했다는 말이 직원들 사이에 돌더니 대규모 이별 회식이 되었다.

한 사람이 정규직에 임명되지 못했을 뿐인데 사내는 조금 색다른 분위기를 연출했다.

"강세 님 사이다 못 봐서 우리 어떡하죠?"

"부당한 일에 나서서 싸워줄 사람이 없어요. 부장님하고 팀장님을 누가 감당해 줄까요?"

"강세 님, 우리가 무능력해서 보내는 것 같아요."

인턴이 디자인을 표절당했을 때 나서서 싸웠다. 회식할 때 술을 따르라느니, 망사스타킹을 신는 여자라야 맛이라느니 하는 상사의 말과 행동을 제지한 것도 세연이었다. 얼굴을 찌푸리면서도 누구

하나 쉽사리 나서지 못했다. 먹고사니즘이라는 게 그들의 불만을 매몰시키곤 했다. 좋은 게 좋은 거 아니겠냐고, 물러서기부터 했다.

"디자인을 호적 바꿔 올리셨네요. 출생의 비밀은 아침 드라마에서만 보는 거로 하시죠?"

"지부지처. 지가 부어서 지가 처먹는다. 이 사자성어가 요즘 뜨는 말이거든요. 부장님, 핵인싸 되십시오. 지부지처로!"

"아하, 망사스타킹이라……. 혀뿌리, 좃 뿌리, 손 뿌리, 이 세 뿌리는 함부로 굴리는 순간 잘라야 하는데 말이죠."

때론 너스레로, 때론 돌려 까기로, 때론 저돌적 표현으로 세연은 다양하게도 뛰어들었다. 특별한 희생정신이나 동료 의식이 있어선 아니었다.

한 사람이 참으면 연쇄적으로 참아야 할 사람이 늘어나는 게 조직사회이다. 내 일이 아니라고 해서 외면하다 보면 부당한 일은 어느새 내 앞에 도착해 있게 마련이다. 그건 명백한 사실이다. 세연은 자신에게 부당한 일이 당도하기 전에 막고 싶었다.

"이사님, 일부러 심술궂게 말씀 안 하셔도 돼요. 서운하시면서."

"회사 사정 생각해서 커피값 아끼느라 밖에서 사 들고 온 건데, 이걸 몰라주시네."

넉살 좋게 너스레를 떨었다면 얼굴은 찌푸리지 않고 이사실을 나섰을지도 모른다. 오는 말은 곱지 않아도 가는 말은 고왔어야 했다. 거친 첫말을 받아 부드럽게 대꾸했더라면 두 번째 건너오는 말은 부드러웠을지도 모른다. 고분고분하게 말했어도 퇴사는 기정사실이었기에 가장 나쁜 방식의 언술행위를 택했다.

술이 들어가니 세연은 어쩐지 우울해지면서 자조적인 기분이 되었다.

"난 어쩌다 미끄럼틀을 탔을까요?"

"이 사회가 엿 같은 거죠. 우리가 비겁자고……. 쪽팔려요."

"고마웠어요. 번번이 나서주신 덕분에 부당한 일이 조금은 줄었거든요."

"덕분에 편하게 일했어요. 강세 님하고 동료 되는 분들은 정말 복 받은 분들이에요."

분에 넘치는 칭찬에 기분은 좋았다. 한편 세연은 우울했다.

윗사람의 정의는 평화를 주지만, 아랫사람의 정의는 하극상이 되는 세상인 게 조금 더 확실해졌기 때문이다. 칭찬은 돈이 되지 않고 새로운 문화로 발화되지 않는다는 사실이 새삼 뼈저리게 느껴졌다.

칭찬이 돈이 되는 사회는 없는 걸까? 세상에 존재하지 않기에 유토피아라 하겠지만.

윗사람들은 듣고 싶은 말이 정해져 있다. 아부가 아닌 채 아부인, 계산적인 발언들로 사내 정치와 문화는 고착하고 인사고과도 결정되기 쉽다.

과연 그들이 듣고 싶은 말이 아랫사람들이 하고 싶은 말일까?

꼭 해야 하는 말을 하는 사람이 되라고 가르쳤고, 모두가 예라고 할 때 아니라고 할 수 있는 용기를 가지라고 권했다. 그건 교과서에 박제되었거나 단발성 광고 문구에 지나지 않았다. 혼자 아니라고 했더니 세연은 번번이 미움받는 총아가 되어 있었다.

역지사지라는 말은 조직 사회, 특히 상하 관계에서 가장 필요한 말이 아닌가 싶다. 일이 이쯤 이르니 그렇다.

실수에 맞는 사과는 맛있다

「미안합니다」＊「죄송합니다」

· · ·

작은 차이가 그 사람을 드러낸다.

세연은 커피숍 홀 중앙에 놓인 소파에 여유롭게 앉아 구직 사이트를 검색했다. 스타트업 회사 몇 군데를 캡처한 뒤 포털로 들어가 기사 몇 개를 검색했다.

「재벌 2·3세, 신생기업 대표 등 한밤중 고급 수입차로 스피드 즐기다 추돌 사고」

「신생기업, 기저귀에서 유해 물질 검출. 소비자 불매운동, 세무조사」

재벌은 쏙 빠지고 언론은 힘없는 신생기업으로 눈을 돌리고 있었다. 세연은 기사를 보면서 쯧쯧, 저도 모르게 혀를 찼다. 희생양이 된 한 사람의 인생이 우습게 됐다. 우습다는 지점에 이르러 세연은 자신이 보였다.

커피 때문에 잘려놓고 커피 마시러 와 있는, 무신경한 자신보다 우습겠나 싶었다.

뒤늦게 자신에게 부끄러움이 몰려왔다. 자리를 비우려 세연은 급하게 커피 잔을 들었다. 그 순간 공교롭게도 사내 하나가 바쁘게 홀을 가로질렀다. 돌아 나오는 사람과 통로를 나누느라 몸을 틀면서 커피 잔을 들던 세연의 팔꿈치를 쳤다.

"어머, 죄송합니다."

"미안합니다."

허벅지에 쏟아진 커피에 놀라 컵을 흔드는 바람에 사내의 양복 바지에도 커피를 약간 쏟았다. 서로 휴지로 닦아내면 되는 정도였다. 작은 스침에 세연과 사내는 동시에 사과했다.

세연은 벌떡 일어나선 죄스러울 정도로 미안하다고 넙죽 고개를 숙였다. 사내의 양복바지가 비싸 보여서는 아니었다. 을로 살아온 세월 동안 몸에 익은 언어 습관이었다.

죄송한 걸까?

실례했으니 마음이 편치 못하다고 인사하려면 미안한 게 가까울 것이다. 서로 '실례했습니다.' 정도로 고개 숙이는 것도 나쁘지 않았을 것이다.

단계적 사과의 말을 두고 세연은 죄스러울 정도로 미안한 마음이지도 않으면서 관성적으로 '죄송합니다.'를 사용해 왔다. 그게 정중하게 사과하는 올바른 태도인 양했다. 자신을 낮춤으로써 예의 바른 사람으로 보일 거라 믿기도 했다.

　사내는 아무렇지 않게 세연으로 하여금 '말의 단계'에 대해 고
찰할 기회를 남기고 떠났다.
　"이런 기사는 왜 봅니까?"
　"그냥 메인에 떠서요."
　"보지 마시죠."
　사내는 세연이 보던 기사가 뭐가 그리 못마땅한지 잔뜩 찌푸린
양미간도 함께 남겼다.

알맞은 '때'는 내가 알아서 정할게요

「때」

:
:

삶의 주기율표라는 폭력적인 말은 대체 누가 만든 걸까?

주기율에 따라 원소들을 배열하듯 인간의 삶을 배열할 순 없다. 인간의 삶은 화학이 아니다. 서른 살을 넘긴 대졸자가 반드시 대리 정도 직책을 가진 직장인일 필요는 없다. 애인이 있거나 결혼하여 남편과 아이가 있을 필요도 없고 공무원이나 교사가 되거나 창업에 떠밀릴 필요도 없다.

"그 집 애, 이제 대학생 되었나?"

"이십 대 후반이면 취직할 때 놓친 거네요?"

"큰딸은 결혼 언제 해요? 때 되지 않았나?"

최종 학력이 고졸이어도 인생은 망하지 않는다. 취직할 때를 누군 놓치고 싶어서 놓치는 게 아니다. 결혼은 사회적 합의가 된 때가 아니라 개인끼리 합의한 사랑이 '때'를 만들어 하는 것이다.

관심을 기울여 묻는 말마다 관습화된 사회적 시각이 개입되어 있다. 주기율에 따라 사는 것만이 제대로 된 삶인 양하며.

세연은 서른두 살에 이른 자신을 먹여 살리기 위해 새로운 직장이 필요했다. 대기업이 아니어도 되었고 대리가 아니어도 되었다. 공무원이나 여타 공공기관에 취직하고 싶은 꿈도 없었다. 어떤 직종으로든 창업할 생각은 더더욱 없었다. 다만 자신이 정한 방향을 따라 자신의 몸에 맞는 속도로 살고 싶었다.

세연은 허벅지를 툭툭 털어내면서 여진처럼 남은 생각도 툭툭 털어냈다.

오늘이 내 편이 아닌 거라고. 좀 더 크게 잡으면 서른두 살은 내 편이 아닌 거라고 여기기로 했다. 생존의 외상이 깊지 않은 탓이었다. 그것은 세연이 많이 가져서가 아니라 제 삶에 그런대로 만족해서였다.

당장 잡코리아에 들어가 찜한 회사에 이력서를 내야 했다. 행동은 빨랐으나 결과는 더뎠다. 의도한 대로 삶은 흘러가지 않았다. 두 계절을 지나 초겨울에 접어들었다.

두 달 후면 서른세 살이라는 나이에 초조한 마음이 스멀스멀 기어 나왔다.

나이 서른세 살에 무직자인 것은 몹시 곤혹스러운 일이긴 했다. 주기율표와 상관없이.

구별해서 입을까?

「정장」＊「성장」

．．．

두 달 뒤 서른세 살을 앞둔 여자는 대기업에 입사할 수 있을까?
세연은 스스로 묻기도 전에 이력서와 자기소개서를 써선 스타트업
신생기업을 재취업 대상으로 알아봤다. 대기업 취업 정보 사이트
는 아예 뒤적이지도 않았다. 대기업을 향한 희망의 열도는 접은 지
오래였다.

'오투 오션'은 기저귀와 생리대, 물티슈, 미용 티슈 등 천연 위생
용품을 제작하는 회사였다. 그러다 보니 제품 포장재도 천연이나
친환경을 고집했다. 포장 자재에도 가치를 부여하고자 했기에 몹
시 까다로운 포장디자인을 요구했다. 신생기업치고는 제법 규모
있게 시작했고 빠르게 결과를 내고 있어서 내일이 기대되는 회사
였다.

4년 이상 된 경력 사원 계약직 채용 공고는 만 서른두 살까지였
다. 경력은 나이를 보태가면서 쌓이는 일이건만 나이 제한이 걸려
있는 공고는 세연의 마음을 고독하게 했다.

세연은 오랜만에 격식에 맞게 차려입고 면접에 나섰다. 블라우스와 재킷 사이에 머플러를 레이어드하여 목을 보호하면서 무채색 일색의 복장에 변화를 주었다.

머플러를 빼면 정장이 되어 딱딱하게 보일 것 같았다. 머플러 하나로 조금 더 잘 차려입은 복장이 되니 성장이라고 볼 수 있었다.

정장(正裝)과 성장(盛裝).

면접에 나설 때 세연이 고민하는 부분이었다. 직종이 디자이너이기에 그랬다. 공무원 면접이었다면 머플러는 빼는 게 좋았을 것이다.

할 필요가 있을 때만 할래

「쿨하다」

. . .

면접관은 세 명이었다. 회사 규모에 비해 단출한 임원이 면접을 진행했다. 면접관이 많으면 위압감에 짓눌리고 적으면 집중도에 긴장했다. 어떤 식으로든 긴장되는 게 면접이었다.

대표 한승건, 경영지원 팀장 박명욱, 디자인 팀장 김아경.

세연이 명료하게 자기소개를 마치자 승건은 이력서를 보면서 걱정스러운 투로 물었다.

"이직을 많이 하셨네요?"

대학교 졸업 후 대기업 제품디자인 팀에 입사했다가 상사에게 디자인을 빼앗겼다.

저항은 충동적으로 이루어졌다. 세연의 실력을 높이 사서 시시비비를 가려준 뒤 부도덕한 상사를 내보내는 것으로 회사가 일 처리 해주리라 믿었다. 학벌과 실력을 믿었기에 할 수 있었던 일종의 정의 구현 외침이었다. 결과적으로 세연만 떨어져 나왔다. 정작 뜨거운 피가 날뛰는 에너지를 조절할 실력은 없었던 셈이다.

한번 발을 뺀 대기업엔 다시 들어갈 수 없었다. 이후 중견기업에서 중소기업으로 눈높이를 낮추면서 계약직으로 돌았다.

"디자인을 빼앗기고 계속 근무할 수 없었습니다."

세연의 대답에 승건이 빤히 바라보았다. 더 말해보라는 표정이었다.

어디까지 말할 수 있을까?

세연은 다년간 경험을 통해 진실보단 사실만을 말할 때 호감을 제일 많이 얻었다는 걸 깨달았다. 낱낱이 다 말하는 건 속없는 사람이 되기 쉬웠고 운만 띄우는 건 의뭉스러운 사람이 되기 쉬웠다. 첫 직장에서 잘린 이야기를 낱낱이 이야기했던 면접은 모두 떨어졌다. 여기서 낱낱이란 제 감정까지 모두 섞은, 하소연과 분노를 더한 모든 것이었다. 운만 띄웠던 면접 역시 떨어졌다.

자세히 말하라고 했으면서 그들은 세연을 상대하기 불편한 존재로 여겼다. 이해했다. 대기업을 뿌리쳤던 성질머리가 그들의 회사에도 적용되지 않을 거라는 보장이 없었다. 미리 소란을 잠재우자는 계산은 세연에게 불합격이라는 결과를 안겼다.

운만 띄웠더니 제 밥그릇도 챙기지 못한 무능한 사람이 되고 말았다. 같이 일하기엔 상당히 매력 없는 존재로 전락한 것이다. 의뭉스러운 건 덤이었고.

어느 장단에 춤춰야 할는지 알 수 없는, 사람들 마음은 어떤 미로보다 어려웠다.

이후로 세연은 솔직하게 말하되 분노는 감추었다. 제 판단을 보류하고 드러난 객관적 사실만을 말했다. 그 지점에서 사람들은 세연에게 말했다.

"솔직하시군요."

"쿨하시군요."

"거침없이 당당하시네요."

솔직하게, 쿨하게 말하는 척 세연은 잦은 이직이 제 의지가 아니었다고 대답했다. 말 그대로 뛰쳐나왔다고. 나왔더니 허허벌판이더라고. 약간 허망한 듯한 뉘앙스는 말하는 기술이자 꾸미기였다. 후회하지만 그때의 자신은 억울함을 견딜 수 없었다고.

세연은 이 지점에서 불편한 사실을 깨달았다. 솔직하다는 건 화자의 기준이어야 하거늘 번번이 청자의 기준이 되었다. 듣는 사람이 느끼는 정도에 따라 세연은 솔직한 사람이 되기도 했고 함부로 말하는 사람이 되기도 했다.

사람들이 '쿨'하다고 규정하는 순간 세연은 무엇이든 괜찮고, 어떤 사안에든 관대한 사람이 되어야 할 것 같은 유혹에 시달렸다. 아니라고, 이의 제기 하려다가도 '쿨'하다는 원형에서 탈피하는 게 될까 봐 머뭇거리기도 했다. 미련 따위 없는 척, 시원시원하게 넘어가 주는 사람이 되어야 할 때마다 세연은 정정하고 싶었다.

난 안 쿨해요. 솔직하지도 않고, 당당하지도 않아요. 그러고 싶지도
않고요.

어찌 보면 '쿨'하다고 말하는 사람들은 자신을 위해 타인을 가
두는 장치로 '쿨'하다는 말을 쓰는 게 아닐까 싶다. 사람들은 정말
'쿨'하다는 말을 '쿨'하게도 썼다.

균형을 말해줘

「청자」＊「화자」

∴

사람은 말을 통해 감정을 교류한다. 몸짓과 표정으로 감정을 보탠다. 이 과정에서 화자의 의지와 상관없이 청자가 스스로 그 감정에 빠져드는 정도에 따라 상대방을 규정한다.

솔직한 사람이라고. 무례한 사람이라고. 때론 재미없는 사람이라고.

말하는 의미를 포획하여 들어주는 사람이 있는가 하면 듣고 싶은 대로 듣는 사람이 있다. 진실을 믿는 사람이 있는가 하면 믿고 싶은 말을 진실로 여기거나 먼저 얻은 정보를 진실인 것으로 받아들이는 사람도 있다. 잘난 사람이나 자신이 호감을 품은 사람이 하는 말이라면 의심 없이 받아들이는 사람도 꽤 많다.

청자의 태도와 의지에 따라 세연은 다종다양한 사람으로 평가된다. 열 명, 스무 명의 다채로운 인격을 하나의 몸뚱어리에 모아놓은 사람이 되는 건 사회적 신분과 관계에서 맺어지는 필연적 인상이었다. 그 가운데 진짜 세연을 알아봐 주는 사람은 없었던 듯하다.

누군가 말했다. 당신 앞에 앉은 사람은 당신이 잘 들어주는 사람
이길 바란다고.

나이가 들수록 입을 닫고 귀와 지갑을 열라고 권한다. 잘 들어주
는 사람이 되라고 권한다.

세연은 그녀 앞에 앉은 사람이 잘 들어주는 사람이길 바랐다.

살아온 만큼 체득한 경험을 나누어달라고, 입 좀 열어보라고 권
하는 사람은 별로 없다. 시행착오를 줄이도록 경험을 털어놓으면
꼰대 취급 하는 세상이다. 그녀는 말하고 싶었고, 잘 들어준 만큼
말할 권리가 있다고 믿었다.

화자이면서 동시에 청자인 우리 개개인은 얼마나 잘 말하고, 잘 들
어주는 사람인가.

균형이야말로 사람을 얻는 기술이다.

뉘앙스 맛집

「진짜?」

:

승건은 바쁜 사람으로 보였건만 그다지 중요하지도 않은 질문을 이었다.

"이번엔 꽤 오래 쉬셨네요."

"문이 자꾸 좁아져서요. 제 의지와는 다른 시간이었습니다."

한 살씩 나이를 더해갈수록 재취업하기까지 기간은 늘어났다. 이력서에 쓰인 대로.

이번 회사마저 떨어지면 더는 이력서를 낼 곳이 없었다. 그러니 뽑아달라는 하소연이자 간절한 부탁이었다. "더는 쉬고 싶지 않습니다. 꼭 뽑아주십시오."라고 말하고 싶었으나 대놓고 하는 부탁은 거부감을 느끼기에 좋았다. 사회 구조에 빗댄 호소를 면접관들이 알아차려 주길 바랐다.

"불편한 일이 생긴다면 우리 회사도 그만둘 겁니까?"

"부당한 일이 생기지 않기를 바랍니다."

"이번에 쉴 때는 취업 준비 외에 뭘 하셨죠?"

"캣맘이에요. 길냥이를 입양하는 바람에 나름 바빴습니다."

"사회적 책임감이 있으시군요."

"그런 거창한 것은 없습니다. 고양이가 예뻤을 뿐이고, 두고 돌아섰을 때 불편한 마음을 감당하기 싫었을 뿐입니다."

"뿐이라는 단어가 원래 그것만이고 더는 없을 때 쓰는 보조사 아닌가요?"

말을 전달하기 위해 효과적일 거라고 여겨 사용한 단어에서 제동이 걸렸다. 이런! 낭패한 마음을 감추지 못하는 때 승건은 세연과 눈 맞춰 넌지시 웃었다.

오직 낭패할 뿐이었다. 그러니 동의할 수밖에.

"그렇군요."

"고양이 사진을 보여줄 수 있겠습니까?"

세연은 면접 보다 말고 핸드백에 넣어둔 스마트폰을 꺼냈다. 곧바로 사진 저장 폴더로 들어가 고양이 사진을 꺼내 보였다. 이런 면접은 또 처음이었다.

"여기요."

사진을 내보이는 손이 떨리자 승건이 고개를 들어 푸근하게 웃어 보였다.

"긴장했군요?"

"간절하기 때문입니다."

"머플러가 멋지군요. 이름은 뭔가요?"

머플러에 이름을 붙여서 사용해야 했을까? 질문의 갭에서 잠시 혼란스러웠다가 세연은 이내 고양이 이름을 묻는 것을 알아차렸다.

"고양이에요. 고씨 성에 외자 이름 양. 고양."

"음식 이름을 붙여주면 오래 산다던데요."

"진짜요?"

명백히 실수였다. 친구들과 대화할 때 이야기에 공감하고 있다는 표시로 세연은 종종 "진짜?" 하고 묻곤 했다. 말에 공감하여 마음이 움직였다는 의미를 내포한 질문, "진짜?"는 대화에 신뢰를 쌓는 데 꽤 유용했다. "진짜라니까." 신나게 호응하며 말에 부스터가 달리는 게 그렇다.

반면에 부정적 뉘앙스로 "진짜?"라고 묻는다면 그건 "진짜 그렇다고?"라는 부정적 의미로 해석되었다. 믿기 힘드니 제대로 설득해 보라고. 그건 일종의 시비에 해당하는 언사였다.

뉘앙스의 차이는 몹시 컸고, 친구들은 모두 쉽게 알아차렸다.

자신이 어떤 말인가를 할 때 앞에 앉은 이가 "진짜?" 하고 동의하듯 물으면 세연은 그 질문에 기꺼이 기쁘게 고개를 끄덕였다. 그 사람이 공감하고 있다는 뜻이라서 반가웠다.

고양이 사진을 보여주고, 머플러 칭찬을 받고, 첫 직장에서 겪은 억울한 일에 공감을 받다 보니 긴장이 풀렸다. 몰랐던 사실을 알려주는 승건을 향해 세연은 그만 그의 말에 공감하여 마음을 열었음을 드러낸 것이다.

세연은 대화에 긍정적으로 참여하는 편이었고, 한 사람의 의견을 존중해 주는 쪽이었다. 정 동의해 주기 힘들거나 누군가를 험담하고자 할 땐 부정적 뉘앙스로 "진짜?"라고 반문하는 대신 "그렇구나."라거나 "난 잘 모르겠어."라는 식으로 맥 빠지는 호응을 선택해 왔다. 대화에 열의가 없음을 드러냄으로써 부정적 상황이 이어지는 것을 경계했다.

때로는 인격을 비추는 언어

「질문」

⸭
⸭

"이웃과는 잘 지내는 편입니까?"

직원들과 소통하지 못했던 사람으로 파악한 모양이었다. 승건은 공적인 영역을 벗어난 세연이 어떤 사람인가를 물어왔다. 직관적으로 물었어야 할 질문을 우회하여 삶으로 물었다. 세연은 이 질문보다 더 직관적인 건 없다고 판단했다.

"사람들과의 소통은 어떤 식으로 하세요?"

"당신은 소통에 재능이 있나요?"

원론적으로 질문했다면 세연은 자신을 설명하느라 퍽 긴 시간을 할애했을 것이다. 대답을 증명하기 위해 여러 장치들을 끌어왔을 것이고, 지극히 사적인 네트워크를 털어놓기도 했을 것이다. 승건이 물은 말엔 드러난 사실만을 대답함으로써 자신을 보일 수 있었다.

세연은 종종 질문을 통해 그 사람을 들여다보곤 했다. 의도하여 그 사람을 살핀 건 아니었다. 대화 속에서 질문 방식에 따라 저절로 그 사람이 보였다. 배려 깊은 사람인지, 제 호기심이 우선인 사람인지, 상대방을 얼마나 이해하고 있는지 등이.

이 순간 세연은 다른 어느 때보다 간절하게 이 회사에 합격하고 싶었다. 승건이라는 좋은 상사를 만난다는 건 어떤 대기업을 다니는 것보다 매력적인 조건으로 보였다.

"앞집엔 누가 사는지 모릅니다. 윗집과는 잘 지냈습니다."

"과거형으로 말씀하시는군요?"

"이사 갔거든요. 지금은 비었고요."

질문은 상대방을 향한 호기심을 해결하는 근본 행위였다. 지나치지 않고 물었다는 건 호감의 최소 단위이자 출발선에 발을 내디뎠다는 의미였다. 질문이 잇따르자 세연은 취업에 성공할 것을 짐작했다. 함께 일하고 싶은 사람이라는 뜻의 질문은 그 후로도 몇 개 더 이어졌다.

짐작대로 합격한다면 세연은 말을 바꿀 필요가 있다.

커피 '때문에' 잘렸으나 커피 '덕분에' 멋진 상사를 만나게 되었다고.

구별 감별사

「정확」＊「적확」

∴

능력이 문제가 아니라 주변을 둘러싼 환경이 문제가 되어 잘렸을 때 억울함은 배가된다.

반강제로 계약 기간을 3개월 앞두고 조기 퇴사 했을 때 세연은 무릎이 꺾인다는 말을 이해했다. 어딘가에 하소연하고 싶었으나 누구에게도 쉽사리 말할 수 없었다. 짐을 챙겨 들고나왔던 그날, 세연은 누구라도 자신을 건드리면 먹살을 쥐고 소리 지르고 싶었다. 분노는 부풀어 오르는 풍선 같아서 어느 지점에 다다르면 반드시 터지게 마련이다.

그날이 그랬다. 세연은 면접을 마치고 돌아와 머플러를 정장 상의에 덧걸다가 머플러를 선물한 원래 주인을 떠올렸다.

그녀를 처음 본 건 커피 때문에 직장에서 잘린 날이었다. 불쾌하게 잘린 데다 불쾌지수가 높은 삼복더위는 쟁쟁하여 누구든 물어뜯고 싶은 날이었다.

"같이 가요!"

막 닫히는 엘리베이터 문을 향해 달려오는 누군가를 보고 세연은 열림 버튼을 눌렀다.

"고맙습니다."

고양이를 안고 엘리베이터에 탄 희란은 12층이 눌린 것을 힐끗 보고 바로 위층인 13층을 눌렀다. 두 여자는 동시에 눈이 마주쳤다.

오후 4시에 사무용 짐과 필기구, 데스크 패드 등속이 담긴 종이 상자를 무겁게 든 채 배낭을 멘 복장은 한눈에도 퇴사한 사람이었다. 물론 오후 4시에 평상복을 입고 고양이를 안고 있는 모습 역시 직장인이라고 보기는 힘들었다. 사회적 소속이 없거나 소속을 잃어버린 두 여자가 한 공간에서 마주쳤다.

희란은 단둘이 타고 있는 엘리베이터가 어색하여 상자가 증명하고 있는 사실을 확인했다.

"퇴사하셨나 봐요?"

"당했죠, 퇴사."

세연은 그냥 "네." 해도 될 것을 굳이 적확하게 사실관계를 밝혔다.

퇴사 '한' 것은 확실했으므로 정확한 것이고 퇴사 '당한' 것은 정확하게 틀리지 않은 사실이므로 적확하다고 말하는 게 좋다. '밤은 어두웠다.'라고 말하면 정확한 것이고 '밤은 불빛 몇 개가 불을 밝혔으나 어두웠다.'라고 말하면 적확한 게 된다. 정확하다는 말도 좋지만, 분명하고 확실하며 틀림없는 상태를 아우르는 적확하다는 말을 세연은 평소에도 즐겨 썼다.

"증거주의 재판에서 정확한 건 의미 없어요. 적확해야죠."

"번역은 틀림없는 정도로는 안 돼. 적확하지 않으면 작가의 의도가 왜곡되거든."

디자인엔 정답이 없다고 한다. 발주자의 기호와 선택, 소비자의 만족이 기준이 된다.

번번이 달라지는 기준에 좌우되는 일이다 보니 세연은 다른 곳에서만이라도 적확하길 원했다. 타인의 기호에 따라 정답이 되는 디자인을 좇으면서 생긴 일종의 사회적 성격이었다.

비밀은 '행운의 편지'인가?

「너만 알고 있어」

.
.
.

한 마디로 잘렸다고. 체념한 듯 자조적으로 뱉는 세연의 말투 속엔 회사를 향한 노기가 실려 있었다. 정규직으로 발령받을 거란 기대를 배반당한 분노가 주렁주렁했다. 들고 있는 상자를 보니 불쾌지수가 조금 더 올라갔다.

"노동청에……."

"그럴 건 아니고요."

때로 가족이나 친구같이 가까운 상대보다 타인에게 쉽게 나오는 말이 있다. 잔소리나 힐난 없이 들어주는 존재로 타인은 매우 유용하다. 일종의 대나무 숲 같은 기능을 하는 셈이다.

퇴사한 사실을 엄마가 알게 되면 잔소리부터 늘어놓을 것이다. 여동생은 한심한 얼굴로 혀부터 찰 것이다.

"매달려야지, 그만두란다고 또 뒤집고 나왔어?" 질문은 엄마의 것이고, "직장을 뛰쳐나오는 것도 습관이야. 배부른 짓 좀 그만하지?" 여동생은 비아냥댈 것이다.

두 사람 모두 직장을 그만두게 된 사연보다는 그만두었다는 결과를 먼저 들여다보았다. 그것은 서른세 살을 앞둔 세연을 염두에 둔 걱정이자 염려일 텐데 그 걱정과 염려가 세연은 불편했다. 아무리 독립 자금을 보태주었다고 해도 생활비는 한 번도 손 내민 적 없다. 몇 푼 받은 것으로 불편한 과정을 견뎌야 하는 건 가족 간에도 못 할 일이다.

가족을 벗어나 주변으로 넓히면 상황은 조금 더 불편해졌다.

3개월 이상 쉬는 건 걱정을 가장한 싸구려 호기심에 시달리기 좋았다. 무직자 혹은 구직자에 대한 은밀한 경멸이 다 씹고 난 껌처럼 들러붙곤 했다. 세연은 자신을 구경거리로, 안줏거리로 방치하기 싫었다. 단물이라곤 하나도 없는 삶을 바라보는 건 누구보다 그녀 자신이 곤혹스러웠다.

가족들이 알아차리기 전에 재취업에 성공할 수 있을까? 현재 세연이 궁금한 것은 오직 그 하나였다.

비밀은 내 입에서 출발하는 것이기에 하소연이든 분노 표출이든 내 입부터 막아야 한다.

"너만 알고 있어."라는 말을 들을 때마다 세연은 '행운의 편지'를 떠올린다. 마치 친구 몇 명에게는 반드시 "너만 알고 있"으라고 말해야 할 것 같은 의무를 부여받은 것처럼 반복하여 배달되어 온다. 그만큼 말[言]이라는 건 말[馬]처럼 뛰어다니는 속성이 있다. 이때 비밀이 안 좋은 이야기라면 말은 날개를 단다.

이런 결론에 이르면, '윗집 사는 여자'라는 불확실한 존재는 일회용 대나무 숲으로 꽤 안전한 대상이다.

여기서 윗집 사는 여자가 세연이 퇴사당한 스토리를 궁금해하며 차를 마시자고 하면 이들은 내밀한 비밀을 털어놓음으로써 가까운 이웃이 된다. 고해성사 같은 하소연에 공감해 주는 정도에 따라 먼 이웃이 되기도 할 테지만 말이다.

머리와 가슴을 같이 움직여 봐

「동감」＊「공감」

공감 능력이 뛰어난 사람을 곁에 둔다는 건 행운이다. 그런 면에서 퇴사는 백 프로 불행한 사건만은 아니었다.

위아래 층, 같은 2호 라인에 산다는 사실에 희란은 자신의 공간으로 세연을 초대했다. 초대라고 하면 거창하게 생각할 테지만 간단히 차 한잔 마시자는 제안에 가까웠다. 발걸음 소리도 내지 않고 사는 위층 사람에게 고마움을 표할 겸, 혼자 산다는 공통점에 세연은 초대에 기꺼이 응했다.

안고 있던 고양이가 떠올라 고양이 간식을 챙겨 위층으로 올라갔다. 똑같은 실내 구조건만 윗집은 휑했다. 이사 온 지 얼마 안 된 집인 건 알았지만 살풍경한 집안은 몇 달 묵다가 떠날 것처럼 보였다.

"제가 포장디자인 한 건데요, 집에 딸려 왔더라고요. 저는 고양이 없거든요."

"고마워요. 잘 먹일게요."

"고양이가 되게 예쁘더라고요."

"누가 주고 간 거예요."

낯선 사람이 오면 안으로 깊이 몸을 감추는 습성답게 고양이는 숨소리도 내지 않았다.

간식을 기쁘게 받아 어딘가에 숨어 있는 고양이에게 주고 나오면서 희란은 머플러를 풀지 않았다. 실내는 몹시 서늘했고 식탁엔 테이크아웃하여 가져온 종이컵 두 개가 올라 있었다. 조금 전에 세연이 커피를 마시고 온 커피 전문점 것이었다. 누군가 다녀갔던 모양이다.

"더위 많이 타세요?"

"아니요. 지금 실내는 추워요."

"그럼 에어컨 잠깐만 끌게요."

희란은 홍차에 비스킷을 내면서도 머플러를 두른 채였다. 파리한 낯빛이나 포진으로 부르튼 입술이 꼭 어딘가 중병에 걸린 사람 같았다.

"자, 당한 이야기가 말하기 껄끄럽지 않다면 들어볼까요?"

퇴사에 얽힌 이야기를 들으면서 희란은 흥분하고 화를 내다가 낮게 욕설을 뱉기에 이르렀다. 공감 능력이 뛰어나면서 표현하는 데도 거리낌이 없었다. 상당히 건강한 정신을 가진 사람으로 보였다.

동감은 머리로 이해하는 것이고 공감은 가슴으로 이해하는 것이다.

엄마는 퇴사 이유를 들으면 동감했다. 그러나 "좀 참지."라고 타박하며 공감까진 하지 않았다. 동생 역시 그랬다. 가족과 이야기하다 보면 벽을 느끼는 상태가 자주 발생했다.

　분출하면 끝나는 게 욕이다. 길게 끌어봤자 좋을 게 없는 감정의 찌꺼기를 버리도록 희란은 '저런! 나빴다!' 따위의 추임새를 빼먹지 않았다. 세연이 이사와 주고받은 언사의 방법에 동감해 주었고 그 과정에서 느낀 상처와 후회에 공감해 주었다.

　같이 분노해 주는 사람이 있다는 것은 힘내서 욕할 수 있는 에너지가 되었다. 에너지는 비교적 빨리 고갈되었다.

같은 의미, 다른 무게

「줄까?」 * 「가질래?」

:

이야기가 한 차례 도는 동안 실내는 느긋하게 데워졌다. 얼굴에 붉은 기가 돌자 희란은 그제야 머플러를 풀어냈다. 조심하는 기운이 역력한 동작이었다.

세연은 알아본 낯빛을 밀어둔 채 새로운 대화의 물꼬를 트느라 머플러를 끌어들였다.

"머플러 되게 독특해요. 예쁜데요?"

"그래요? 이것도 누가 준 건데, 난 마음에 안 들거든요. 가질래요?"

"어우, 아니에요. 이웃 님한테 굉장히 잘 어울린다는 뜻이에요."

'줄까요?'라고 물을 수도 있는 걸 희란은 '가질래요?'라고 물었다.

줄까? 응, 줘. 그래, 가져.

줄까? 가져도 돼? 뭐, 원한다면.

줄까? 아니, 됐어.

여러 갈래로 대화가 이루어질 수 있고 결과 또한 달라질 수 있는 질문을 희란은 생략했다.

단계와 가능성을 차단한 대화는 어쩐지 희란이 꽤 알뜰하게 시간을 사용하며 살았던 사람인 것처럼 느끼게 했다. 타인을 배려한 대화가 몸에 익은 사람으로도 보였다.

'줄까?' 하고 물었을 때와 '가질래?' 하고 물었을 때 대답하는 강도는 사실 조금 달랐다. 갖겠느냐고 묻는 건 주겠으니 가지라는 의미와 가까워서 받는 마음이 조금 더 편했다.

세연 역시 친구가 자신의 물건에 흥미를 보일 때 "줄까?" 하고 묻는 건 거절해 달라는 뜻이 어느 정도 포함되어 있었다. 줘도 무방한 물건을 탐낼 땐 "가질래?"라고 물었다. 원하면 얼마든지 가지라는, 이미 마음은 주었음을 내포하고 있었다. '필요해? 나한텐 필요 없어. 그러니 가져줘.'로 확장되기도 했다.

물론 줄 수 없는 물건일 땐 칭찬으로만 받아들여 "고마워."라고 말하거나 "예뻐? 나도 마음에 들어."로 담백하게 대답하며 제 것임을 더 공고히 했다.

짐작한 대로 희란은 기어이 세연에게 머플러를 둘러서 내려보냈다.

혼돈의 시대를 사는 혼동

「틀리다」＊「다르다」

· · ·

아래윗집이라는 거리가 주는 연대는 그녀들을 가까운 지인으로 만들었다. 그렇다곤 해도 그녀들이 마주 앉는 일은 극히 드물었다.

세연은 취업을 준비하느라 바빴다. 이력서를 썼고 지원하는 회사 성격에 맞게 소설 같은 자소서를 썼다. 포트폴리오를 업데이트했고 혼자만의 시간을 즐기는 사람답게 자주 산책에 나섰다. 발길 닿는 대로 걸으며 군것질을 하다가 돌아오는 날이 잦았다. 그런 식의 망중한은 또 어딘가로 휩쓸려 떠내려갈 직장 생활을 준비하는 일종의 준비 운동 같은 것이었다.

희란은 며칠씩 집을 비웠다가 돌아오곤 했다. 파리한 얼굴로 돌아온 희란이 어디 다녀왔을지 짐작했으나 세연은 묻지 않았다. 긴 소매 옷을 이따금 걷을 때 팔목에 퍼렇게 멍 든 주삿바늘 자국이 선명하여 묻는 게 오히려 실례였다.

가까운 지인은 됐으되 일정한 거리를 유지하는 건 희란의 의지이기도 했다.

떠날 것을 염두에 두고 사람을 사귀는 건 어떤 마음일까? 질문이 고개를 들려고 할 때마다 세연은 자신을 향해 윽박질렀다. 걱정을 가장한 질문이 잔인한 호기심이 아니라고 말할 수 있는가. 걱정이 걱정이기만 할 때 묻기로 했다. 희란이 보여주는 태도에서 무엇 하나 제대로 물을 수 없기도 했다.

희란은 모든 걸 다 보여주는 척하면서도 무엇 하나 말하지 않았다. 어찌어찌하여 이혼했다고만 말할 뿐 이혼에 얽힌 이야기는 말하고 싶어 하지 않았다. 청자로선 뛰어난 사람이었으나 화자로선 꺼리는 게 많은 사람이었다. 그녀의 멍 든 팔목에 수두룩한 주삿바늘 자국으로 세연은 상황을 이해했다. 그렇기에 그녀가 세연이 다녔던 직장마다 어떤 차이점이 있는지 물어올 때 세연은 질문을 반기며 성실한 화자의 위치를 고수했다.

"세연 씨는 진짜 첫 이미지하고 성격이 완전 틀리네요."

"어떻게 생각했는데요?"

"되바라진 깍쟁이? 지금은 오지라퍼?"

"둘 거리가 머네요."

"내가 처음에 틀리게 본 거죠?"

"주관적 사고에 틀린 게 어디 있어요? 그저 다른 거겠죠."

"아, 맞아요. 엑스 남편이 다른 거라고 말하라고 했는데 자꾸 난 틀려요. 이번엔 '틀려요'라고 말한 게 맞는 거죠?"

"네."

수학적 계산이 아닌 한 '틀렸'다고 말하는 건 틀린 언어 습관이다. 서로 다른 가치관과 종교, 관습에 동의하지 않을 순 있어도 '틀리'다고 말할 수는 없다. 갈등을 부추기며 '틀리'다고 주장하는 것이야말로 얼마나 소모적인 낭비인가. 각 개인이 판단하고 행동하는 양식엔 '다른' 것이 있을 뿐 '틀린' 건 잘 보이지 않는다.

그런 면에서 언어 습관에 '다른' 것과 '틀린' 것을 구분해서 쓴다는 건 좋은 일이다.

아무래도 그녀는 분명한 걸 좋아하는 남편과 살았던 모양이다. 결과는 이혼으로 끝났지만, 만나서 사랑하고 결혼하기까지 과정은 그리 나쁘지 않았을 것으로 여겨졌다.

"어제 날씨 틀리고, 오늘 날씨 틀리고, 어쩌면 이렇게 계절이 빠를까요?"

"동생하고 얼굴이 안 닮았어요. 너무 틀리게 생겼어요."

"우리 자랄 때하고 요즘 애들이 쓰는 말은 왜 이렇게 틀린지, 따라갈 수가 없어요."

깨닫고 알아차린다고 해서 하루아침에 언어 습관이 바뀌는 건 아닌 모양이다. 어제 날씨 다르고, 오늘 날씨 다른 것이다. 동생하고 찍은 사진 속 자매는 다르게 생긴 것이고.

지적하는 대신 세연이 빙그레 웃으면 희란은 "아차!" 놀라면서 귀엽게 혀를 내밀었다.

희란은 이후로도 툭하면 '틀리'다는 말을 모든 상황에 적용하여 사용했다. 번번이 "'다른' 거였죠?" 확인하면서 묻는 게 달라졌다면 달라진 점이라고 할 수 있었다. 재미있는 건 '틀린' 걸 말해야 할 때 의식하고 있다가 '다른' 것으로 말한다는 사실이었다.

말이 넘쳐나는 시대이다. 자고 나면 신조어가 만들어져 있다. 어지러울 정도로 따라가기 힘들다. 혼돈의 시대이니 혼동하여 쓰는 말들이 점차 더 많아지고 있다. 그렇더라도 오래전부터 틀리게 쓰기로 유명한 이 말, '틀리다'와 '다르다' 정도는 이제 구별해야 하지 않겠는가.

"계산이 달라요. 다시 더해보세요."

"맞춤법이 너무 자주 바뀌니까 난 번번이 다르게 써요. 헷갈리는 정수를 찍는 거죠."

이런! 이 귀여운 여인을 어쩌면 좋지? 명확한 답이 있는 것이니 계산은 틀린 것이고, 맞춤법 역시 틀린다고 말해야 하는 것을.

세연은 건강할 때의 희란을 상상하면 씩씩하게 구령 맞춰 몸을 움직이는 댄스학원이 떠올랐다. 학원 유리창 밖으로 발광하며 떠오르는 아침 해가 그녀의 얼굴을 환히 비추는 것 같기도 했다. 그때 콧속으로는 그녀가 흘린 땀 냄새가 싱그럽게 맡아지는 환상도 보태졌다.

유독 '틀리다'와 '다르다'만 헷갈리던 그녀의 언어 습관이 못 견디게 그리운 날이 있다.

학교와 사회를 헷갈리지 마

「최선」 ＊ 「최고」

⋮

최선을 다한다고 해서 반드시 최고의 결과를 만들어내는 것은 아니다.

죽을힘을 다해 달렸으나 1등 한 번 한 적 없었다. 코피 터지도록 공부했으나 중학교 이후론 전 과목 만점은 한 번도 받은 적 없었다. 최선을 다해 열 번, 스무 번 이상 매만졌던 독후감 과제로 대상은커녕 장려상 한 번 받은 적 없었다. 목이 터지도록 계이름을 외우고 노래를 연습했으나 음치는 도저히 탈출할 수 없었다. 경험을 통해 세연은 세상의 모든 꼴찌가 노력하지 않아서라는 말을 거두었다.

다만 1등 하는 사람들은 재능에 보태 숨은 노하우가 있어서 효과적으로 노력하는 방법을 아는 거라는 결론을 얻었다. 세연이 남보다 좋은 디자인 감각을 지녔고, 그 감각을 어떻게 디벨럽해야 하는지 알았던 것처럼 말이다.

업데이트한 포트폴리오는 좋은 점수를 받았던 모양이다. 운 좋게(?) 합격하여 다시 2년여 직장 생활을 보장받았다.

출근한 첫날 아침, 세연이 배정된 책상에 앉자 승건이 다가와 커피를 놓아주었다.

회사는 파주 산업단지 끄트머리에 4층짜리 사옥을 지어 모두 쓰고 있었다. 그것은 대표와 디자이너들이 근무하는 층이 다르다는 뜻인데 승건은 2층까지 내려와 친히 새로 뽑은 계약직 경력 사원을 환영하며 모닝커피를 배달하고 있었다.

"강세연 씨, 좋은 아침입니다."

"대표님, 안녕하세요?"

"내일부턴 직접 내려 드십시오. 휴게실에서 마시고 와도 좋습니다."

휴게실은 층마다 복도 끝에 있어서 머리 식힐 겸 한 번씩 다녀오기 좋았다. 운동 부족인 직장인에게 복도 끝에서 복도 끝까지 걸을 수 있는 거리도 꽤 괜찮았다. 휴게실 바깥은 근린공원과 연해 있어서 바람을 쐬기에도 좋았다.

"잘 마시겠습니다."

"아! 저는 캣대딥니다. 이따금 운동 삼아 동네 한 바퀴 돌면서 길냥이들하고 놉니다."

"네에."

가다 말고 돌아와 자신의 일상 한 조각을 남기고 가는 승건의 뒷모습에 세연은 눈길이 묶였다. 자신을 캣맘으로 부를 수 있을는지, 정체성에 혼란이 왔기 때문이다.

'천연 명품' 기저귀를 부각하는 디자인이 세연에게 주어진 첫 번째 과제였다.

아기를 키워본 적 없는 그녀에겐 조카 두 명이 있다. 한 살 아래인 여동생은 일찍 결혼하여 연년생으로 딸 둘을 낳았다. 세연은 조카들을 한 번도 제대로 안아준 적이 없었다. 안으면 떨어뜨릴까 봐 두려웠고 만지면 부러뜨릴까 봐 겁먹었다. 두려움을 감춰 아이에겐 관심 없는 척, 가족들이 모이는 자리에 가면 일부러 심드렁했다.

기저귀를 알지 못한다는 뜻이었다.

아기들은 먹으면 쌌다. 싼 기저귀는 쓰레기통으로 직행했다. 그 단순한 로테이션에 명품이 어떤 의미가 있는지 모르겠다. 모르니 디자인이 나올 턱이 없었다. 제품을 디자인하는 데 있어선 한 번도 장벽을 느껴본 적이 없었으나 아기는 넘을 수 없는 장벽이었다.

열심히, 야근을 불사하고 디자인했다. '천연 명품'에 매몰된 디자인에 정작 주인공인 '아기'는 없었다. 당연히 물먹었다.

최선을 다해 노력했으나 최고가 되기는커녕 최악의 결과를 만들어낸 셈이다.

"죄소……, 미안합니다. 실수했어요. 다시 하겠습니다."

죄송하다고 말하려다가 세연은 얼른 말을 바꿨다. 보조사 사용을 지적했던 대표 앞에서 비슷한 말실수를 되풀이하는 건 그녀가 멍청해지는 꼴이었다.

실패가 아니니 실수인 셈이고, 실수엔 다음이라는 기회가 주어졌다.

"최선을 다한 건 맞습니까?"

"틀리기 위해 최선을 다한 것 같습니다."

"틀리기 위해서라."

"노력은 결과로 말해야 한다고 알고 있습니다. 방향을 잘못 잡은 노력이니 노력했다고 보기 힘듭니다. 다시 하겠습니다."

담백하게 실수를 인정하자 승건은 호방하게 웃었다.

"지금 컨디션은요? 피곤한가요?"

"몹시요. 그러나 내일 피곤하겠습니다."

에너지를 모두 뽑아 썼다면 피곤한 게 당연했다. 최선을 다하지 않았다면 피곤할 일도 없다. 퇴근 후를 염두에 두고 컨디션 조절을 안 해본 직장인, 없지 않은가.

열심히 하는 것도 중요하지만 잘하는 게 더 중요하다. 노력이 가치 없다고 말하려는 게 아니다. 다만 결과 없는 노력은 무소용한 것이 사회라고 말하고 싶은 것이다.

직장은 학교가 아니고, 최선을 다하는 건 직장인이 가져야 할 당연한 덕목이다. 노력은 삶에서 갖춰야 할 덕목이고. 그 두 개는 씨줄과 날줄처럼 유기적으로 연결되어 있다.

노력은 호감을 얻는 조건은 될지언정 능력을 인정받는 조건엔 참고 사항 정도로만 활용된다. 최선을 다했다는 것은 결과로 말해야 한다. 결과를 보이는 것이 월급을 받는 이유가 된다.

세연은 월급을 받을 마땅한 자격을 갖추기 위해 최선을 다해 결과를 만들어야 했다. 당연하게 다시 열심히. 잘하기 위해 열심히. 속으로 구호를 외치며 야근에 돌입했다.

영리하게 살 것인가,
영악하게 살 것인가

「영리」＊「영악」

⋮

건물 뒤편에 제법 널찍한 주차장이 있었다. 지역 특성상 직접 운전하여 출퇴근하는 직원들이 대부분이었다. 세연 역시 오래된 경차를 몰고 다녔다. 자동차로는 20분 조금 넘는 거리여서 출퇴근에 무리가 없었다.

출근 첫날부터 사흘 내리 초과 근무를 넘어 야간 근무를 자청했다. 근무한 게 어디에도 표시가 나지 않으니 시안이라도 만들어야 했다. 사무실을 나섰을 때 시간은 10시 가까웠다.

"늦었군요."

"엄마야!"

해가 빨리 지는 겨울밤, 검은 그림자가 목소리로 먼저 다가오자 세연은 화들짝 놀라선 그 자리에 주저앉았다.

"미안해요. 놀라게 할 생각은 없었어요."

"아, 제가 새가슴이라."

정신 차리고 보니 승건이었다. 모두 퇴근하고 디자인 팀 둘과 SI

개발 팀 한 명이 건물에 남아 있었다. 7시쯤 야근자끼리 2층 휴게실에 모여서 샌드위치에 커피를 사다 먹었다. 그들은 9시가 넘자 더는 늦을 수 없다며 자리를 비웠다. 그러니까 회사 건물엔 야간 경비 두 명과 세연만이 남은 상태였다. 그렇게 알고 있었다.

"대표님, 퇴근하신 거 아니었어요?"

"제 퇴근 시간은 열 십니다."

"이런."

"저녁은요?"

"샌드위치요."

"밥 먹읍시다."

"아니, 네."

아니라는 건지, 네라는 건지. 세연은 거절하려다가 조금은 영리하게 살아볼까 하는 마음으로 얼른 대답을 틀었다. 영악하지는 못해도 영리하게는 살 수 있지 않겠나.

자신의 인사권을 쥐고 있는 사람과 밥을 먹는 건 영리하거나 영악한 것과는 거리가 멀었다. 그런데도 세연은 자신이 제법 영리한 스탠스를 취하고 있다고 여겼다.

늦은 밤, 얼른 돌아가 뜨거운 물에 샤워한 뒤 눕고 싶을 때 그 욕망을 꺾은 적이 없었다. 세연에게 밥은 잠자는 것보다 중요하지 않았다. 그런데 네, 라고 대답했다. 세연으로선 매우 정치적인 대답을 한 셈이다.

세연은 눈치도 빠르고 똑똑한, 한마디로 영리한 편이었다. 어쩐 일인지 사람들은 그녀에게 영리하다고 말하지 않았다. 헛똑똑이라고 부르기 일쑤였다. 세상 혼자 사는 거 아니라는 말도 자주 들었다. 그러니 이해가 밝으면서 약은, 영악한 행동은 할 수 없었다. 영악하다는 말은 세연의 삶에 없는 단어였다.

대표와 마주 앉아 밥 한 그릇 먹는 것으로 이해관계가 깊어질 리 없었다. 그런데도 훗날 자신의 인사에 도움을 받을 거라는 계산이 나온 건 의외였다.

더는 다른 회사를 찾아 전전하고 싶지 않은 게 우선한 이유였고, 대표의 외모와 언술행위가 지극히 세연의 취향에 맞아떨어진 게 두 번째였다. 순서가 뒤바뀐 것일 수도 있었다.

일시적일지라도 그와 마주 앉은 모습을 보면서 지나가는 타인 한 명쯤은 그들을 연인으로 봐주길 바랐다. 이토록 맥락 없는 바람은 오래도록 연애를 굶어서도 아니고 그를 꿈꿔서도 아니다. 그저 스치듯 찰나에 그녀가 연애하는 사람으로 보이는 심리적 사치를 누리고 싶은 것뿐이었다.

이 감정은 영리한 것도, 영악한 것도 아니다. 영검한 어떤 징후도 아니다.

오늘 하루가 내 편인 것처럼 느끼고픈 날이 그대에겐 없는가?

복권에 당첨되는 일일 수도 있고 오래도록 호감을 품고 지켜본 누군가에게 데이트를 신청받는 일일 수도 있다. 느닷없이 보너스가 나오거나 생각지도 못했던 정규직에 발령이 나는 것일 수도 있다. 세연은 그저 현재, 자신이 누릴 수 있는 것을 찾아낸 것이다.

백화점에서 넥타이를 고르는 여자들을 보면서 느꼈던 아득한 질투가, 때론 가눌 수 없는 박탈감이 누군가가 그들을 연인으로 착각해 주는 것으로 상쇄될 것 같은 느낌.

마주 앉은 그는 생각보다 훨씬 더 매력적이었다. 식당의 비좁은 식탁 아래에서 무릎이 맞닿은 순간 마음속에서 일어난 불꽃은 승건을 조금 더 좋은 사람으로 느끼게 했다.

불꽃은 혀를 발견했다. 음식을 먹느라 입을 벌릴 때마다 그의 입속에서 팔딱이는 분홍빛 속살은 군침이 돌았다. 딱 한 입만 먹어보고 싶은…… 목표를 이루기 위해선 그와 인간적으로 가까워질 무엇이든 해야 했다. 일을 월등히 잘해서 그의 눈에 띄어야 했고, 오늘처럼 그와 단둘이 있기 위한 이벤트를 구상해야 했다.

저 맛있어 보이는 걸 한 입 먹기 위해선 영리해지면서 동시에 영악해질 필요가 있었다.

이런, 내가 지금 무슨 생각을.

사실을 포함하는 진실을 바라보기

「사실」＊「진실」

．
．
．

　주말을 앞두고 기저귀 포장디자인이 무사히 통과되었다. 거지 같은 기분으로 주말과 휴일을 보낼 뻔했다가 기사회생했다. 한숨을 다 뱉기도 전에 회의실로 호출이었다. 회의실 탁자엔 친환경을 표방한 아기용 물티슈 제품 몇 개가 놓여 있었다.

　"지난 회사에서 만들었던 거예요. 난 이 제품을 포기할 수 없어요. 새로운 포장지가 필요해요. 이것 역시 명품을 강조해서 디자인해 주세요."

　"어? 이 제품……"

　말을 잇지 못하고 세연은 취업을 준비하던 어느 날을 떠올렸다.

　커피숍에서 구직 사이트를 들춰본 뒤 포털의 기사를 보고 있었다. 누군가가 팔꿈치를 치고 가면서 커피를 쏟았다. 그날 사내가 두고 간 것은 "미안합니다."와 찌푸린 미간이었다.

　"유해 물질 나온 거 아니었어요?"

　"강세연 씨는 따로 이야기하죠."

찌푸린 미간을 보면서 세연은 사내를 기억해 냈고 곧이어 승건이 겹쳐졌다. 말 그대로 찰나에 스친 사내는 불필요하게 정확했고 가십에 가까운 기사를 노골적으로 불편해했다.

회의 내내 세연의 머릿속에선 그때 보았던 기사들이 떠돌았다. 특히 '신생기업, 기저귀에서 유해 물질 검출. 소비자 불매운동, 세무조사' 글자는 어제 본 것처럼 선명했다. 유해 물질이 검출됐던 제품을 포장 갈이 하여 명품인 듯이 팔겠다는 결정에 동참할 수 없었다.

회의를 마치고 모두 자리를 비웠다. 세연과 둘만 남게 되자 승건은 제품을 꺼내 제 얼굴과 목, 손을 닦았다. 매우 안전한 제품을 시용하는 동작이었다.

"재벌 총알받이였어요. 아기들 티슈 중에선 최고 명품이에요."

"무엇으로 증명하실 수 있으세요?"

"내 아이가 쓰길 바라고 만든 거니까요."

아, 결혼했구나. 세연은 제품의 안전도보다 승건이 아이라고 발음한 것에 더 주목했다. 주변에 조금 괜찮다 싶은 남자들은 전부 임자가 있었다. 거기서 오는 소외감이 제법 컸다. 자신은 괜찮지 않아서 남자들 삶에 픽업되지 못한 걸까? 어쩐지 세연은 자신이 조금도 괜찮지 않은 사람이 된 기분이 들었다. 그건 마음을 굉장히 저조하게 만들었다.

"검사 결과는 조작된 거였어요."

승건은 그때 피부 발진을 일으켰다면 사진과 함께 올려주길 바란다고 제품 후기를 공모했다. 가습기 살균제에서 검출됐던 물질이나 세균이 함유된 제품을 아기들이 사용했다면 반드시 아토피나 피부 발진 같은 피부염을 일으켰을 것이기에 신고받는 차원이었다.

불매운동에 이어 판매 금지 처분이 내려지자 몇몇 젊은 엄마들은 낭패했다. 그나마 이 제품을 사용하면서 아기의 아토피가 좋아졌다는 후기는 불매운동을 꺾지 못했다. 보도를 통해 드러난 살균제 검출 수치(數値) 때문에 제품을 회수하는 일밖에 남지 않았다.

기저귀와 생리대를 만들어 재도약하면서 승건은 개발했던 제품을 재생산하고자 했다. 아기 물티슈와 미용 티슈 시장은 공략해 봤기에 판매 루트도 잘 안다. 회사엔 마침 SM(System Management) 팀과 SI(System Integration) 팀이 돌아가고 있었고 그들은 생각보다 유능했다. 거래처 공장도 아직 유효했다.

제품은 한국화학융합시험연구원에서 유해화학물질 검사를 받았다. 가습기 살균제 성분인 CMIT·MIT 외 13여 종, 납·비소·안티몬·카드뮴·수은 등 중금속, 미생물인 대장균·녹농균·황색포도상구균 등 인체에 유해한 성분은 무엇도 검출되지 않았다.

"그때와 똑같은 제품인데 결과는 다르죠. 신제품은 조금 더 업그레이드됐고요. 물론 친환경 쪽으로입니다."

"스피드를 즐긴 게 죄가 됐군요."

검사 결과지를 세연에게 넘긴 뒤 승건은 지난 삶이 들춰진 것에 곤혹스러운 표정을 했다.

가습기 살균제에서 검출됐던 유해 성분과 기준치를 3,000배 초과하는 세균이 검출됐다는 보도는 사실이었으나 제품은 다른 것이었다. 승건이 판매했던 제품은 세균이 기준치보다 12배 나온 것이 전부였다. 그것도 유통기한을 한참 넘긴 제품을 구해서 이루어진 결과였다.

희생양으로 내세우기에 12배는 약했다. 숫자를 지우고 내보낸 기사, '기준치를 초과하는 세균 검출' 1보는 커다란 반향을 일으키지 못했다. 네티즌은 기자들보다 똑똑했다. 재벌들 물타기냐고 비아냥대는 댓글들이 달렸다. 검사 결과를 조작하여 '가습기 살균제 성분 검출+세균 3,000배 검출'로 뻥튀기한 2보는 불매운동으로 들불처럼 번졌다.

세균이 검출된 것은 사실이고, 보도는 과장됐다는 게 진실이다.

적확하게 살피면 유통기한이 지난 제품에서 세균 12배 검출된 것이 사실이고, 단 이틀 만에 같은 제품에서 세균 3,000배 검출이라는 이 숫자에 의문을 품은 기자 한 명 없이 그대로 보도했다는 것이 진실이다.

역사는 사실이고 문학은 진실이라는 말이 있다.

기자들이 쓰는 기사는 언제부턴가 문학의 범주에 속해 있었다. 이것이야말로 진실이었다.

인연이라고 의미를 부여하는 걸
'썸'이라고 해

「우리」

⋮

    승건은 자신의 이야기에 귀를 기울이고 있던 세연이 자신을 믿는다는 걸 알아차렸다.

    "한때 이야기예요. 아내가 아팠거든요."

    "스피드를 즐기셨다니, 의외네요."

    "지금은 안 달립니다. 병원 갔다가 집으로 갈 때, 밟지 않으면 미칠 것 같았거든요."

    그에게 아내가 있고 아팠던 아내는 완치했다는 뜻으로 들렸다. 아이도 있고.

    세연보다 여섯 살이 많은 대표에게 아내가 있다는 게 이상할 게 없는데, 아이도 있다는 말에 이상하게 세연은 실연한 기분이 들었다. 그와 로맨스로 연결될 수 있을지 가늠한 적도 없이 그랬다.

    아니다. 혀가 있었다. 그의 혀. 분홍빛 속살은 마치 탱글탱글한 참치 같아서 꼭 한 입 먹어보고 싶을 만큼 군침이 돌았다. 먹어보고 싶은 마음은 연애하고자 하는 마음과 달랐다. 장담하건대 성욕이 아니었다. 이해할 수 없을 만큼 간절한 식욕이었다. 먹어보고 싶은 건 그의 혀 한 입일 뿐 그의 전부가 아니었다. 실연은 과장된 마음이었다.

"그런데, 우리가 만났었군요?"

"스친 거죠."

승건과 잠깐이라도 닿았던 인연이라고 생각하자 세연은 다시금 마음이 이상해졌다. 그가 달리 보였고 조금 전보다 친밀하게 느껴졌기 때문이다. 그의 말을 정정한 건 경계를 그음으로써 제 마음이 함부로 흐르지 않길 바란 것이다.

"스친 대상을 기억해 내기란 쉽지 않은 일이죠. 그러니 대단한 거죠."

"그 대단한 걸 가지고 뭘 할 수 있죠, 우리가?"

세연은 숨을 고른 뒤 '대표님과 제가'라고 말하는 대신 그가 사용한 '우리'라는 단어를 소환했다. 그와 자신을 괄호 안에 묶음으로써 어떤 반응이 오는지 보고 싶었다.

대표님과 나, 너와 나, 혹은 그 사람, 낯선 사내.

이인칭과 삼인칭으로 족했을 말을 일인칭으로 묶은 의도를 그는 떠올리는 듯했다. 자신이 왜 그랬는지.

정리하면 간단했다. 의미 없이 스쳤던 인연이 사용인과 고용인으로 다시 만났다는 것, 그게 전부였다. 통성명을 했거나 악수를 할 이유조차 없었던 그 찰나가 어떤 힘을 발휘할 수 있을 거라고, 쓸데

없이 과장된 그의 반가운 기색에 찬물을 끼얹음으로써 세연은 이 재회 같지도 않은 재회가 어딘가로 힘없이 휩쓸려 가기를 바랐다.

그저 우연히 다시 만났을 뿐 해후가 아니다. 그와 그녀는 헤어졌던 적이 없다. 만난 적이 없으니 당연한 말이다. 조금 더 냉정하게 말하자면 재회도, 해후도 그들 사이엔 어울리지 않는 말이다. 이 지경이니 우리라는 말은 얼마나 위험한가.

승건은 우연이 겹치면 인연이 되고, 인연이 겹치면 운명이 된다는 말을 증명하고 싶은 모양이었다. 애써 의미를 만들어내고, 과장되게 반기는 게 그랬다.

"지금부터 같이 찾아볼까요?"

"찾아야만 알 수 있는 건 안 찾는 게 좋겠어요."

"찾아놓고 시치미 떼고 있는 거라면요?"

"언어유희는 즐기지 않습니다."

단호하게 그를 밀어냈으나 세연은 알 수 있었다. 의미를 부여하여 '우리'라고 말하는 순간 시작된 '썸'을. 알아차렸으면서도 모른 척해야 했다.

도로에서 과속하며 내달리는 운전자를 볼 때 세연은 경멸하는 걸 주저하지 않았다. 가정 있는 남자 혹은 여자를 사랑하는 사람들은 영혼마저 불결한 존재라고 의심했다. 사랑은 완전하게 한 사람이 한 사람을 만나는, '일대일'이라는 독점 형태로만 기능해야 한다고 믿는 축이었다. 승건은 세연이 경멸했거나 마땅히 거절하고도 남았을 일을 실행에 옮겼거나 옮기려는 사람으로 보였다. 성정상 그를 향한 경멸과 불결한 기운이 올라와야 하거늘 마음이 은근히 달아오르고 있었다. 미쳤다고밖에 할 수 없는 반응이었다.

　살아왔던 대다수의 경계선이 허물어질 것 같은 느낌은 불온했고 불안정했다. 떨쳐낼 힘 따위는 애초에 가져본 적 없는 영역인 것만 같았다.

　재회는 지속할 인연을 증명하는 바로미터가 아니다. 그 어떤 관계를 맺는 절대적 이유도 될 수 없다. '우리'라는 말은 함부로 사용되어서도 안 된다. 설사 우리라는 범주에 속하게 된다고 하더라도 스친 인연은 스친 것으로 두어야 옳다.

　세연은 생각을 가다듬어 남의 남편과 무언가를 할 수 있을 거란 가능성을 차단하고자 했다. 그를 놓고 했던 불순한 상상을 거둔 게 제일 먼저 한 일이었다.

　'난 한 번도 결혼하지 않았어요. 사랑하는 사람을 누군가와 나눠 쓴다는 생각은 전혀 해본 적이 없고, 앞으로도 없을 거예요.'

　강력하게 마음에 결심을 심으면서 세연은 그가 있는 회의실을 나왔다. 대표와 남녀 사이가 될 생각은 추호도 없다고, 재차 다짐했다.

　다짐하는 행위 자체가 이미 흔들렸음을 입증하는 것이며 시작된 '썸'을 알아차렸다는 뜻이었다.

다른 말이 가진 상식

「아」＊「어」

⋮

세연은 머릿속에 오직 물티슈만을 넣었다. 제품 사이트마다 들어가서 타사 포장 상태와 디자인을 살폈다.

"회식 갑시다. 신입 직원 환영회 겸이요."

승건이 디자인 팀으로 내려와 소리쳤다.

그래 봤자 2년 계약직인 걸 굳이 환영해야 하나요? 볼멘소리로 묻고 싶은 걸 세연은 겨우 내리눌렀다. 아무도 말하지 않는 걸 지적하여 확인함으로써 분위기를 망치고 싶지 않았다. 승건이 연장 계약에 대한 희망을 넌지시 건넸지만, 세연은 흘려들었다.

여태껏 희망은 오지 않은 내일에 자신을 밀어 넣은 채 오늘을 전전긍긍하며 살아가게 하는 소비 에너지였다.

출근 첫날 환영회를 언제 하면 좋을지 의견을 수렴하여 알려달라고 했다.

다음 날 출근에 지장 없도록 금요일에 회식하자는 의견이 월등히 많았다. 선약이 있어서 가야 할 사람은 가도 좋다고 했다. 회사는 업무 시간 외에 아무것도 강요하지 않았다. 단, 신입 직원과 신입 직원이 속한 디자인 팀장과 웹, SI 개발 팀장은 반드시 참석해야 했다. 대표가 회식에 참석하는 건 의외였다. 기존 직원들 역시 의아해했다.

지글지글 익어가는 고기와 오가는 소맥 잔 사이로 입사 동기들과 한 주를 보낸 소회를 나누던 때였다. 이야기에 집중하느라 불판에 오른 고기가 까맣게 타도록 아무도 몰랐다.

"이야, 고기를 석탄으로 만들다니, 신에너지인가? 한국에너지공단에 취직할 걸 그랬나 봐."

"어느 분은 얼굴에 팬티를 입어야 할 것 같지 않아요? 항문을 내놓고 다니네."

너무 독하게 말했나 보다. 얼굴을 붉히며 신경질적으로 잔을 비운 디자인 부팀장 민평제는 담배와 라이터를 들고 밖으로 나갔다. 담배 피우면서 공격거리를 찾았을까? 들어오면서 그는 득의양양하게 외쳐댔다.

"오우, 계약직들끼리 그렇게 똘똘 뭉쳐 앉아 있으면 겁나는데!"

계약직인 거 누가 모르나?

"신입 직원들끼리 돈독하네요."

새로 입사한 신입 직원 전부 계약직이었다. 그러니 신입이라고 말했어도 충분했을 것을. 민평제는 굳이 강조하여 '계약직'이라는 단어를 사용함으로써 제 가치가 올라간다고 믿었다. 정직원이 우월하며 계약직은 열등하다는 저 믿음이야말로 산산이 부숴야 할 불량품이었다.

말이라는 건 '아' 다르고 '어' 다르다. 누구나 아는 말이다.

상대에 따라 다르게 말할 줄 알아야 하고 상황에 따라 골라 말할 줄 알아야 한다. 사회적 인간이라면 상식의 범주에서 엄격하게 구분한다. 매우 쉬운 말이라서 그 다른 느낌을 우리는 쉽게 포착하기도 하지만 교묘하게 이용하기도 한다.

출근한 첫날, 민평제는 세연을 회의실로 불러내선 제 옆자리에 앉도록 했다. 거부하여 맞은편에 앉자 그는 세연 옆자리로 와선 의자를 툭툭 쳤다. 짓궂은 장난처럼 보이려는 몸짓이었으나 세연에겐 더없이 불량하게 보였다. 명백한 성희롱이었으나 그 수위를 아슬아슬 지켰다. 약 오르게 하는 덴 이골이 난 사람이었다.

"나 비혼주의잔데, 서른도 넘었겠다, 결혼 안 했으면 연애는 자유롭지 않나요?"

"결혼 여부 묻는 건 실례입니다."

서른 넘어 비정규직인 것이, 아직 싱글인 것이 누군가에게 쉽게 보일 이유는 될 수 없었다.

민평제는 어떻게든 세연을 물고 늘어지려는 의도로 얼굴을 붉혔다. 고약하게 입술을 비죽이더니 반지를 낀 적 없는 세연의 약지를 툭 치면서 희롱의 수위를 조금 더 높였다. 스스로 상처를 내곤 스스로 덤벼들고 있는 꼴이었다.

정말 가르쳐주고 싶은 표현

「가르치다」＊「가리키다」

∷

쓸데없이 드센 여자. 세연을 가리키는 말이 되어버렸다.

겨우 '실례입니다'라는 가벼운 말로 대꾸를 거부했다. 더는 세연에게 실수하지 않도록 경계심을 자극한 것인데, 그 한 마디를 그녀의 전부로 받아들인 건 잘못 독해한 것이다. 아니면 의도적으로 덧씌운 왜곡이든가. 민평제가 보이는 태도가 그러했다.

"반지 낀 흔적도 없이 스무고개 하자는 게 실례죠. 나랑 놀고 싶다면 말이 다르고."

"근무시간입니다."

"직장 생활 쉬운 길로 안내해 줄까 하는데."

계약직을 하대하는 듯한 오만한 말투와 오피스 와이프 겸 침대 파트너를 구하는 저급함, 소파 승진을 빗대 정규직 전환을 해줄 수도 있다는 듯한 뉘앙스는 몹시 불결했다.

'머리부터 발끝까지 내 취향인 곳은 하나도 없는 주제에.' 세연은 한쪽 입술 끝을 슬며시 올리곤 경멸을 담은 눈으로 그를 훑어 내렸다.

"아무리 급해도 사람은 가립니다."

"눈으로 욕하네."

"들었으면 입 다무시겠네요."

"스카이 출신은 이상하게 티를 내더라. 툭하면 사람 가르키려고 들고."

민평제는 제안이 아닌 제안에, 모욕적인 거절을 당하자 불쾌한 말을 남기고 일어섰다. 그 뒤통수에 대고 세연은 나지막하게 비아냥을 흘렸다.

"'가르치다'도 아니고, '가리키다'도 아니고, '가르키다'라네. 한글도 제대로 몰라요."

문손잡이를 잡던 민평제가 돌아봤다.

'가르치다'는 지식이나 기능, 이치 따위를 깨닫게 하거나 익히도록 하는 것, 혹은 교육을 받게 하거나 그릇된 버릇 따위를 고쳐 바로잡는다고 사전적으로 정의한다. '가리키다'는 방향이나 대상을 알게 하도록 말하거나 알리는 의미로 사용한다. 가르키다, 아르키다, 아리키다 등은 모두 비표준어이다.

일상에서 매우 자주 틀리게 사용하는 말 가운데 하나인데 민평제 입에서 나오니 한껏 비웃어주고 싶었다. 겨우 그것도 구분하지 못하면서 정직원이라고 뽐내느냐, 같은 수준으로 대거리한 것이다.

"가르키려고 한 게 아니라 그냥 좀 가르치고 싶었네요." 정도의 수준으로 대거리했어도 좋았을 것을. 문이 닫히고 혼자가 되자 세연은 부끄러웠다.

혼자서도 충분히 소화 가능한 모욕을 똑같이 저급한 수준으로 되돌려 준 것이.

지적받은 이후 민평제는 내내 세연을 껄끄럽게 대했다. 비난하는 것도 아니고 조롱하는 것도 아니지만 분명히 비난이고 조롱이었던 그 말 이후 세연 역시 민평제를 껄끄럽게 대했다.

왜 참는 게 이기는 걸까요?

「참아요」

．
．
．

"옷만 좋은 거 입으시네요."

사람은 좋지 않고 입은 옷은 안 어울린다는 뜻이었다.

"말끝마다 대기업 시스템 운운하는데 동경하지 마세요. 잘하고 계시잖아요."

'동경'이라는 단어는 뺄 걸 그랬나?

"운전에 재능 있으시네요. 길 바꿔보세요."

디자인엔 영 재능이 없어 보인다는 뜻이었다.

"대표님은 인성 안 보고 뽑나 봐요? 저부터 시작해서 죄다 짐승만 모았네요. 인성도 실력인데 말이죠."

때로는 자폭하기도 했다.

세연은 무례하게 굴고 있다는 것을 알았으나 멈출 수 없었다. 선은 민평제가 먼저 넘었고 그대로 두면 자신을 방치하는 것이 된다. 방치는 상대가 조금 더 부당한 말들을 할 수 있는 기회를 제공하는 게 될 것이다. 그것은 곧 자신이 자신을 망치는 길로 견인하는 꼴이 된다. 그렇게 살 것 같았으면 대기업을 뛰쳐나올 일은 애초에 없었다.

"부팀장이 디자인 전공자가 아니라 자존감이 좀 떨어져요. 참아요."

"참아. 참는 게 이기는 거야."

세연은 왜 민평제가 아닌 자신에게 참으라고 하는 건지 알 수가 없었다. 사람들 마음속에 세연을 민평제 위에 올려놓은 듯한 말투 역시 동의할 수 없었다. 지는 게 이기는 거라면, 세연은 민평제에게 조금도 이기고 싶지 않았다. 그는 세연이 참아주면 기어오를 사람이었다.

이 과정에서 세연은 어떤 깨달음을 얻었다.

민평제가 하는 말을 통제하지 않음으로써 민평제를 '그런 사람'으로 만들고 있었다. 그건 소름 끼치게도 모두가 작당하여 민평제를 망가뜨리고 있다는 뜻이 되기도 했다. 민평제를 무시하는 처사인데 민평제 혼자만이 그 상황을 모르고 있었다. 외견으로 보이는 조건을 내세워 사람을 위아래로 나눈 듯한 인상은 불쾌했다. 또 하나, 사람들 사이에 막이 있고 계단이 있었다. 그건 대단히 폭력적인 구분이었다.

한 사람을 바보로 만드는 일, 세연은 민평제를 망가뜨리는 일에 동조하기 싫었다.

부당한 일엔 참지 말아야 한다는 소신은 의도하지 않게 여태 지켜지고 있는 셈이다.

미움받을 용기가 아닌, 자격에 대해 생각해 본다. 굳이 수준 이하인 부팀장을 미워하면서 에너지를 쓸 필요가 있을까? 무관심보다 큰 미움이 있을까? 세연은 자신에게 물었다. 그리하여 오늘을 끝으로 부팀장 민평제를 더는 미워하지 않기로 했다. 이건 맞받아치는 것과는 엄연히 다른 결이었다.

결심을 비웃듯 민평제는 조금 더 상스러운 말을 뱉어냈다. 세연과 붙어먹고 싶은 바람이 그의 의지로는 꺾이지 않는 모양이었다.

"꼴페들 때문에 내가 술 따르라는 말은 안 하겠는데, 자발적으로 서로 따라주고 그러면서 돈독해지고 그러면 좋은 거 아닌가."

"너 혼자 좋습니다."

"부팀장, 그만하지."

발끈하려는 민평제를 디자인 팀장이 내리눌렀다. 디자인 팀장이 턱짓하는 곳에 승건이 꽤 심각한 표정을 하고 그들을 주시하고 있었다. 신경질적으로 몸을 비튼 민평제는 연거푸 술잔을 비우며 화를 눌렀다. 저 술이 들어가서 이성의 끈을 놓친다면 어떤 일이 벌어질까, 상상하자니 이 자리에 계속 앉아있는 게 어리석게 보였다.

세연은 어쩐지 이 회사는 석 달 근무가 한계가 아닐까 짐작하면서 일어섰다. 석 잔을 건배했고 회식에 참석하여 1시간을 넘게 앉아 있었으니 일어서도 좋다고 결론 내렸다.

"에헤이, 그렇다고 바로 일어나시면 어떡합니까?"

"저 집사거든요. 고양이 밥 줘야 해요."

"우리가 고양이한테 까인 건가요, 지금?"

"고양이는 험담은 안 하거든요."

세연이 한 대답에 민평제를 따르는 직원 하나가 곤혹스러운 표정을 했다.

"지금 그대로 가면 분위기 지하실로 처박히죠. 조금만 있다 가세요."

"제가 없는 곳에서 벌어지는 분위기까지 제가 책임져야 하나요? 저 없을 땐 회식 어떻게 하셨어요? 월요일에 뵐게요."

기어이 자리를 빠져나와 등을 보이는 순간 민평제의 일갈이 날아왔다.

"와, 저 존나 싸가지! 계약직 티 내고 다니네."

회식 장소를 나서면서 세연은 구직 사이트를 떠올렸다. 아예 영세기업으로 간다면 자리가 없을 리 없었다. 정규직이 될 수도 있을 것이다. 급여는 형편없이 낮아질 것이고 근무 환경은 최악이 될 수도 있을 것이다. 그곳이라고 부당한 대우가, 불쾌한 언사가 없을까? 바닥까지 내려가서야 비로소 참지 못했던 지난날을 후회하게 될까? 바닥은 어디일까? 아무것도 결론 내리지 못한 채 술 석 잔에 머리는 물론 속까지 취기로 들끓었다.

식물만 가지치기가 필요한 것이 아닐 텐데. 생각에서 그를 쳐내고 조금도 미워하지 않는 것, 그게 가장 완전하게 미워하는 길인 것으로 잠정 결론 내렸다.

무플보다 악플이 낫다고 하는 사람들이 있다. 실연을 안겨준 이에게 가장 좋은 복수는 잊어주는 것이라는 말도 있다. '미워할 가치도 없는 놈!'이라고 욕하기도 한다. 미움도 마음에 담겼으니 파동을 일으키는 것이다. 아무런 미움 없이 물화시키는 것, 무기물인 듯 무정물인 듯 대하는 것이 이 시점에선 필요했다.

모르는 사람보다 더 먼 사람이 되는 건 얼마나 쓸쓸한 일인가.

구조적 모순 사이에서 살아남기

「반칙」＊「변칙」

⋮

버스 정류장으로 가는 세연 옆에 승건이 와서 나란히 걷고 있었다. 버스 도착 시간을 검색하느라 옆에 와서 걷는 승건을 알아차리지 못했다.

"어? 대표님."

"대리운전 안 하고요?"

"버스 있는걸요. 대표님은 왜 나오셨어요?"

"사과하려고요. 부팀장의 언사는 지나쳤어요."

"헬리콥터 대표님이세요? 잘못은 직원이 했는데요."

"계약직으로 비난받게 한 건 제 탓인 것만 같아서요. 면목 없습니다."

대표라면 대표다워야 한다. 뒤로 빠져나와 대신하여 사과할 것이 아니라 그 자리에서 입을 막았어야 했다. 그에게 품었던 매력이 반감되는 태도라 적이 실망했다. 심통 비슷한 마음이 올라오면서 세연은 사과를 받는 대신 침묵을 지켰다.

"아시다시피 한 번 망했거든요. 제로에서 시작하려니 반칙을 쓰게 되네요."

승건은 보조사 하나에도, 사과의 단계에도 틀리지 않는 사람이다. 적확하게 구별하여 말하던 사람이 꺼내든 '반칙'이라는 단어에 세연은 의아했다가 그 마음의 상태를 읽었다. 승건은 이 시스템을 무척이나 미안해하고 있었다. 이 일의 원인으로 자신을 지목한 것이다.

아, 나 이 남자를 어떡하지? 너무 좋잖아.

마음이 일렁이는 바람에 세연은 저도 모르게 위로를 건넸다.

"비정규직이 반칙은 아니죠. 변칙이지. 사용자 입장만 생각한 법인데 그 법도 법이라고, 지키는 건데요 뭘."

원칙이나 법규를 어긴 것이 아니라 그저 조금 비튼 것이다. 그 깨달음을 자조하며 버스에 오르자 뜻밖에 승건이 따라 탔다. 맨 뒷좌석으로 그녀를 이끌어 나란히 앉았다. 갑자기 모양이 이상해졌다.

버스가 흔들릴 때마다 그와 닿는 어깨와 허벅지가 신경 쓰였으나 세연은 그 접촉을 그대로 두었다. 연애를 시작할 때 손끝이 닿는 것으로 온몸에 정전기가 흐르던 게 떠올랐다. 커브를 틀 때 특히 허벅지는 깊게 닿았는데 그의 허벅지는 단단한 바위와 같았다. 이게 뭐라고 이렇게 좋은지, 자기 관리에도 성실한 사람으로 보이자 세연은 이 퇴근길이 행운처럼 느껴졌다.

서늘한 바깥 날씨에 비해 따뜻한 버스 안은 유리창마다 성에가 끼어 부옇게 시야를 흐렸다. 흐린 야경에 청각이 예민해져서 그의 말이 또렷하게 들렸다.

"다시 주저앉게 될까 봐 내내 두려워요. 그러다 보니……."

"일개 비정규직 노동자한테 언제나 이렇게 일일이 해명하셨어요?"

"정규직은 전 회사부터 저하고 일했던 직원들이에요. 더 좋은 직장에서 자리 잡았는데도 저 믿고 건너와 줬으니 보답을 해야 했어요. 그러니 그 직원을 징계하지 않는 것도, 당장 비정규직을 없애지 못하는 것도 양해를 부탁드려요. 회사 사정이 좋아지면 반드시 전 직원 정규 채용 할 거예요."

"모두 그런 약속을 했어요."

일자리에서만큼은 반칙도, 변칙도 없기를 바라지만 세연이 사용자가 된다면 이 생각은 바뀔 것이다. 근무하고 있는 사람에게만이라도 월급을 제때, 제대로 줄 수 있다면 그것으로 다행이라고 여길지도 모른다. 반칙 없는 세상을 꿈꾸지만, 변칙마저 없는 세상을 꿈꾸지는 않는 것, 그게 세연을 조금 덜 불행하게 했다.

변칙이 없었다면 세연은 정규직이었을 거라고 우겨보다가 어떤 날은 변칙이 있기에 그나마 비정규직이라도 꾸준히 직장을 얻을 수 있었던 거로 생각했다. 착종된 상념에 가라앉은 기분이 마치 삶의 온도인 것만 같아 조금 더 울울해졌다.

우리는 모두 자기 입장을 내세워 생각하게 마련이다. 융통성을 발휘해야 조금 덜 불행해지는 세상에서 살고 있다는 것이 불행하다면 불행하달까.

상처받은 사람이 받아들일 때까지

「사과」

· · ·

버스에서 내려 아파트까지 걸어가는 동안 세연은 한 사람을 떠올렸다. 'Give and Take', 때론 'Case by Case'를 번갈아 가며 주야장천 외쳐대던 고등학교 때 교사였다. 학생들이 교탁에 음료수를 올려놓는 일이 잦았던 그 교사는 받은 만큼 돌려주고자 애썼다. 받은게 딱 그만큼이 됐다 싶을 때 그 교사는 주머니를 열어 교실에 쭈쭈바를 돌렸다. 더운 여름, 학생들은 신나게 쭈쭈바를 빨아 먹으면서 수업을 받곤 했다.

선물을 준 뒤엔 답례를 기대하는 마음이 생기게 마련이다. 남을 칭찬하는 말을 쏟아낸 뒤엔 그에 합당하게 나를 칭찬하는 말이 되돌아오길 기대했다. 고등학교 시절 그 선생님처럼.

세상 공평하면서도 따뜻한 거래가 아니겠는가.

승건이 대표로서 사과했으니 세연도 지나쳤던 자신의 말에 사과해야 했다. 그게 관계를 건강하게 이끄는 비결이자 도구인 걸 모르지 않았다. 사과하지 않더라도 어떤 식으로든 자신에게로 발걸음을 옮긴 승건에게 반응은 해야 했다.

"저는, 죄송하지 않을 거예요."

"사과는 받아준 거로 알겠습니다."

"대표님의 사과니까요. 부팀장님은 아직 사과하지 않았고요."

사과는 실수하거나 무례를 범한 사람이 직접 하는 것이다. 누가 대신해 주는 것도 아니고 전달해야 하는 성질도 아니다. 중요한 것은 상처받은 사람이 그만 됐다고, 사과를 받아들일 때까지 해야 한다.

"내가 실수했나 본데, 미안합니다."

"서로 똑같았지 뭐. 조심할게요."

"비정규직을 대하는 매뉴얼이 없어서 좀 미숙했네요."

사람들은 이따위 말을 사과라고 던져놓았다. 실수했나 '본데'가 아니라 실수했다고 인정해야 한다. 서로 '똑같았지'가 아니라 내가 심했다고 말해야 한다. '비정규직'이라고 굳이 차별적 단어를 쓰는 처사는 옳지 않다. 상하 관계에 맞게 혹은 평등하게 동료로 대하면 그것으로 좋은 것이다. 그들은 그따위로 사과해 놓고 용서하지 않는 세연을 비난하곤 했다.

"무례를 범하는 말인 줄 몰랐어요. 속상했겠네요. 나한테 더 심하게 욕했어야 해요. 그랬으면 좀 더 일찍 정신 차렸을지도 모르는데……. 다시 안 그럴게요. 미안해요."

세연이 들었던 사과 중에 가장 빨리 수긍한 말이었다.

반성하여 자신의 잘못을 제 입으로 말하고, 세연이 분노한 것에 공감하면서 재발하지 않을 것을 약속했다. 정중하게 고개를 숙였다. 그것이 사과의 출발점이다. 스스로 합의하여 이만큼 했으면 됐다고 접는 사과는 사과가 아니다.

민평제를 향한, 세연이 피운 고집에 승건은 동의하는 표정이 되었다.

"그렇군요. 돌아가서 전 삼 차까지 갈 겁니다. 내일은 황금 같은 휴일이잖아요?"

"네, 그럼."

안녕히 돌아가세요. 말을 마무리하는 대신 고개를 숙였다.

같이 나란히 뒤돌아서면 좋을 텐데 승건은 돌아서는 그녀를 바라보고 서 있었다. 승건은 품은 '썸'을 어떻게든 더 끌고 가고 싶은 모양이었다. 등 뒤에 집요하게 매달린 시선으로 어쩔 수 없이 걸음에 힘이 실렸다.

"강세연 씨!"

"네."

세연은 기다리기라도 한 듯 뒤돌아보며 대답했다. 승건은 세연이 그랬던 것처럼 정중하게 고개를 숙였다. 인사엔 인사로. 그는 매사에 정확한 사람이었다. 말뿐이 아닌 행동에도.

세연이 아파트 안으로 들어가서 그림자마저 남김없이 사라진 보도에 승건은 오래도록 서 있었다. 마치 길에 갇힌 사람 같았다.

세연이 들어갔을 어느 층인가를 올려다보느라 고개를 위로 든 승건의 표정은 한없이 착잡했다. 호기심이 호감으로 이동했다. 저도 모르게.

집으로 올라온 세연은 코트를 벗어 아무렇게나 던져두곤 침대에 몸을 던지듯 누웠다. 벽시계는 10시를 훌쩍 넘어가고 있었다. 근무 첫 주 내내 퇴근이 10시를 넘겼다. 일주일 근무해 놓고 족히 두 달은 근무한 것 같은 피로가 몰려왔다.

"와, 이건 사람 할 짓이 못 돼."

질렸다는 투로 고개를 절레절레 젓다가 세연은 비명처럼 중얼거렸다.

"사람? 웃기네."

계약직, 비정규직이 언제부터 사람이었다고. 생각 끝에 자신이 혼잣말로 뱉은 '사람' 두 글자에 세연은 자조적으로 웃음을 흘렸다. 사람이 할 일이 떠올랐다.

"미안해. 매일 늦어서."

냉큼 일어나 고양이 집을 치우고 물을 보충하고 사료 그릇을 채웠다. 간식을 주고서야 겨우 미안한 마음을 덜었다.

"이봐 고양, 양아, 넌 어디서 왔니?"

한 달 전, 지하 주차장에 차를 주차하고 출구 쪽으로 가는데 고양이 울음소리가 들렸다.

냐옹. 나아옹…….

지하 주차장 입구에 주차된 자동차 밑에 고양이가 있었다. 꼬리를 바싹 치켜올린 채 필사적으로 세연을 부르고 있었다. 야아우. 무시하고 출입구로 들어가 엘리베이터 오름 버튼을 눌렀다. 야아아아. 인간의 언어를 구사하는 듯, 귓전에서 고양이 울음소리가 조금 전보다 더 크게 그녀를 불러 세웠다. 저게 어디서 건방지게 '야'라고!

집으로 올라가려던 세연은 목줄에 감긴 것처럼 끌려 나와 고양이를 안아 들었다. 온몸으로 번지는 소름에 바로 고양이를 내려놓아야 했다.

어린 시절, 집에서 키우던 고양이가 새끼를 낳았다. 짧으면 사나흘, 길면 일주일쯤 지나면 고양이는 제 새끼를 보여주곤 했다. 어쩐지 그때만은 어미 고양이가 새끼 보여주는 걸 극렬하게 혐오했다. 다가오는 누구라도 할퀴겠다고 등을 휘어 세우고선 세차게 울어댔다.

어미 고양이는 그때 장롱 위에 새끼를 낳았다. 장롱 위엔 라면 상자가 올라가 있었다. 안을 들여다볼 수 없는 세연으로선 고물고물한 새끼가 보고 싶어서 몸살이 날 지경이었다.

어미 고양이가 안방을 비운 사이 문을 잠그고 장롱 위에 올라가선 라면 상자 안에 손을 넣었다. 들어 내린 새끼 고양이는 죽어 있었다. 죽은 새끼일지라도 지키기 위해 어미는 투사가 되어 저항했던 걸 그때는 몰랐다. 어미의 투쟁과 달리, 굳은 사체에 들러붙은 털의 그 느낌은 지금 생각해도 여전히 끔찍하다.

그때 세연은 벼락같이 비명을 질러댔다. 소스라치게 놀라 팽개치듯 고양이 사체를 놓치곤 펑펑 울었다. 뛰어 들어온 엄마는 차분하게 라면 상자를 치우고 우는 세연을 달래주었으나 그날 이후 집에서 고양이는 사라졌다.

그녀에게 있어 가장 무례한 침입자는 기억이었다. 트라우마로 자리한 그 느낌은 좀처럼 치유되지 않았다. 그날 이후 고양이든 개든, 짐승을 만지지 못했다.

다시는 고양이를 키울 일이 없었다. 고양이를 안을 일도 없다고 여겼으나 건방지게 '야'라고 부르면서 눈동자에 눈물을 담다니 이보다 호소력 짙을 순 없었다. 마치 주문에 걸린 듯 세연은 고양이에게 마음이 붙들렸다. 집으로 올라갔다가 다시 내려왔다. 고양이를 담을 종이 상자를 들고 돌아온 셈인데 그사이에 고양이가 사라졌길 바란 건 솔직한 심정이었다.

외면하지 않았다는 자위와 책임지지 않아도 된다는 안심을 누리고 싶었다. 바람과 달리 고양이는 자동차 바퀴 밑에서 여전히 눈을 동그랗게 뜨고 꼬리를 세우고 있었다. 야아아아.

"놀자는 거야?"

세연은 말을 건네며 고양이 앞에 종이 상자를 내려놓았다. 행동이 의미하는 것을 알아차렸는지 고양이는 냉큼 상자 안으로 들어와 몸을 눕혔다. 상자를 들고 들어와 세연은 제일 먼저 고양이 사진을 찍었다.

출입구와 주차장 기둥 몇 군데, 엘리베이터 안에 인화한 고양이 사진을 붙였다.

〈주인을 찾습니다. 연락처 010-4949-××××〉

면접 보면서 승건에게 보였던 사진은 전단지를 붙이기 위해 찍은 사진이었다. 잘 나온 사진을 고르느라 몇 컷 찍은 게 다였다. 그날 이후 세연은 고양이 사진을 찍지 않았다. 주인은 아직 나타나지 않았고 세연은 졸지에 고양이를 키우고 있었다.

길냥이를 입양했다는 말은 과장된 진실이었다.

"그래도 캣맘이긴 한걸."

스스로 당위성을 찾아 변명하고 있는 꼴을 보자니 면접 때 했던 대답은 거짓말 같았다. 거짓을 진실로 만들기 위해 세연은 조금 더 열심히 고양이 간식을 사다 날랐다.

강조하는 즐거움

「너무」 ✳ 「매우」 ✳ 「아주」 ✳ 「굉장히」

. . .

술 석 잔을 받아먹으면서 고깃집에서 정작 고기 한 점도 먹지 않은 게 떠올랐다. 꼬르륵. 밥 달라고 울어대는 바람에 세연은 자신이 몹시 시장한 것을 깨달았다.

냉장고를 열어선 있는 반찬을 모두 꺼내고 즉석밥을 데웠다.

"아씨, 이놈의 성질머리. 밥은 먹고 일어날걸!"

거실 끝에 세운 캣 타워에서 고양이가 세연을 바라보고 있었다. 세연은 고양이와 눈 맞췄다. 무의식중에 하소연이 튀어나왔다.

"와이프 있대. 애도 있고. 멀쩡한 사람이 결혼 안 했을 리 없는데 말이야. 그치?"

와이프, 세 글자에 입맛이 뚝 떨어졌다. 먹던 밥을 덮고 반찬통은 뚜껑을 닫아 냉장고에 다시 넣으면서 세연은 투덜거림을 멈추지 않았다.

"너도 내가 한심해?"

승건이 아내가 있는 남자라는 사실을 알게 된 후 그가 있는 상상을 때려치웠다. 심장은 화석인 듯 굳었다. 뛰어야 할 심장이 굳으니 아팠다. 혼자 아픈 것이다. 고용자와 피고용자. 그 외에 다른 어떤 의미도 획득하지 못할 관계였다.

골치 아픈 건 질색이었으나 염치없는 건 더 질색이었다. 그런데도 눈치 빠르게 느끼고 말았다. 승건이 그녀를 바라보는 눈길의 온도가 매우 높다는 것을. 그녀는 오늘 그 눈길을 의식하고 말았다. 무채색이던 하루가 색색으로 칠해졌다.

"아, 맥 빠지네. 너무 싫다. 대표님 너……무 내 스타일인데!"

말을 뱉고 나서 세연은 잠시 고개를 갸웃했다. 너무 싫고, 너무 내 스타일인, 일관된 단어 사용이 새삼 거슬린 것이다.

"비가 몹시 세차게 내리네."

"옷을 가볍게 입었더니 무척 추워."

"인영실 부장은 대화 수준이 상당히 높아."

"신동수 씨는 바다를 매우 좋아해."

"박탐이 선생님은 한 달에 한 번 만나기엔 굉장히 먼 곳에 살아."

"친구들 만나는 거라면 빠지지 않는 은수와 효원이는 체력이 엄청나게 좋아. 우정이 그들을 움직이게 하는 거겠지만."

'대단히' 높고, '되게' 퉁기고, '많이' 먹는 따위의 강조하는 부사들은 엄격하게 구분하여 사용하지는 않는다. '너무'는 부정적 상황을 강조하는 부사였으나 하도 많이, 하도 자주, 하도 여러 곳에서 무차별하게 쓰이다 보니 일정한 정도나 한계를 넘어선 상태를 꾸미는 부사어로 뜻을 갈았다.

예쁘고 고운 한글들을 숱하게 두고 언제부턴가 세연은 '너무'에 올인하여 '너무' 많이, '너무' 자주 사용하고 있었다.

"아, 맥 빠지네. 엄청 싫다. 대표님 굉장히 내 스타일인데."

집요한 빨판처럼 들러붙던 승건의 눈길이 떠올랐다. 버스 안에서 겹쳐지던 허벅지와 어깨에서 전해지던 온도가 떠올랐다. 버스가 회전할 때마다 중심을 잡는지 살피던 승건은 노골적으로 세연의 입술을 바라봤다. 뒤늦게 그 눈길에 잡아먹힌 기분이 들자 세연은 그만 욕실로 달려갔다. 한겨울에 차갑다고 느껴질 만큼 낮은 온도의 물 아래 자신을 세웠다. 머릿속에 들어온 생각을 털어내느라 몇 번이고 고개를 흔들어야 했다.

때로 아는 건 모르는 것보다 거추장스러운 일들을 만들었다. 그러니 오늘 아는 건 힘이 아니라 병이다. 모르는 건 약이 아니라 바보이다. 그를 느끼는 마음에 무늬가 생기고 색깔이 생기는 것은 만유인력의 법칙과 같은 일이니까.

세연은 몰라야 약인 것을 알아차린 낭패감에 이 밤, 병이 깊어가고 있다는 걸 또 알았다.

'원래'는 언제부터일까?

「원래」

．
．
．

    승건이 되돌아갔을 때 3차에 남은 사람은 박명욱 경영지원 팀장과 김아경 디자인 팀장, 두 명이었다. 싱글들은 모두 어딘가로 떠났고 가정을 이룬 두 사람이 의기투합하여 귀가를 미루고 있었다. 일찍 들어가 봤자 잔소리 듣거나 하거나, 그럴 일밖에 없다는 게 유일하게 의견이 일치한 주장이었다.

    술이 두 팀장을 마신 건지, 두 팀장이 술을 마신 건지, 그들의 대화는 꼬부랑 천지였다.

    "남자는 원래 종족 보존만 아는 족속이거든요. 씨 뿌리는 거 말고는 관심이 없어요."

    "여자는요, 남자들이 이렇게 모른 척할 때마다 답답 터져 죽거든요."

    "아니, 평소에 남편은 아들이라면서요? 그러면서 왜 기대하는지 모르겠어요. 우리가 대체 뭘 안다고."

    "박 팀장님, 우리 남편이었으면 지금 잔소리 한 바가지 들었어요. 모른다고 당당하게 주장하는 남편들 볼 때마다 아내들은 정말 미쳐요."

"이봐, 이봐. 잔소리하기 싫어서 안 들어간다면서 나한테 잔소리하네. 잔소리 듣기 싫어서 늦게까지 버티고 있건만. 김 팀장, 서운해요."

"후홋, 그러네요. 여자는 원래 잔소리하게끔 태어난 족속 같죠?"

이후로도 이들은 좀 더 거칠고 강력하게 남자는 원래, 여자는 원래, 운운하면서 가정에서 받는 스트레스 지수가 여자가 높은가, 남자가 높은가를 놓고 배틀을 이어갔다.

남녀 구분하여 편견에 사로잡혀 있는 대화는 다양성을 거부했다. 이미 그들 삶에 젠더의 역할, 특성, 차별이 퇴적층처럼 견고하게 쌓여 있는 것으로 보였다.

승건은 이들의 대화를 들으면서 술 때문이라고 결론 내렸다.

원래 남자는 어떻고 원래 여자는 어떻다는 식의 사고에 갇혀 있는 대화는 승건이 평소에 지양하는 방식이다. 변증법의 중요한 개념인 '지양'은 그 자체의 상태는 부정하면서 모순되는 대립을 고차적으로 모아 한 단계 더 높이 올라가는 것을 뜻한다.

아내와 남편 문제에 있어서만큼은 내 가정의 상태로, 서로가 호환하는 감정의 깊이와 사건의 형태로 구분하여 대화하는 것을 지향하는 승건으론 대화에 낄 수 없었다.

이들이 술자리를 파할 때까지 지켰다가 대리 기사를 불러 무사히 귀가시키는 게 오늘의 역할인 것만 같았다.

　도대체 원래는 언제부터 원래일까?

　원시 시대부터일까? 아니면 BC(Before Computer)와 AD(After Digital)로 나뉜 후부터일까? 컴퓨터와 디지털로 구분되던 그때 문화는 소용돌이에 휘말렸고 새로운 질서를 만들었다. 가장 큰 이슈 가운데 하나가 바로 LGBTQ를 사회 질서에 편입시킨 젠더 문제였다. 평등의 시대에 원래 여자는, 원래 남자는, 이라는 말은 얼마나 위험한가.

소유 주체는 확실히

「나」＊「우리」

. . .

　시간이 자정에 가까워지자 이들은 조바심을 내비쳤다. 가정이
라는 소속이 있다는 건 이럴 때 두드러졌다.

　"우리 남편 또 늦게 들어왔다고 징징거리겠네요."

　"우리 마누라는 안 그러나? 이렇게 어중간하게 늦게 들어가서
잔소리 듣느니 아예 늦어버려서 잔소리 듣는 게 억울하지라도 않
죠. 난 사 차!"

　"우리 남편은 나 없으면 못 자요."

　"우리 마누라는 발로 뻥 차고 잠만 잘 자는데."

　"우리 대표님이 이 시점에선 부럽네요."

　승건은 대화에 참전하지 않기로 했으나 더는 참지 못하고 한마
디 했다.

　"제발 내 마누라, 내 남편이라고 합시다! 내가 왜 당신들 남편하고
아내를 공동 소유 해야 합니까?"

　본인도 갖기 싫다고 표현하는 마누라, 남편을 왜 자꾸 '우리'라

는 언어의 연동소로 묶어버리는 건지 모르겠다. 나눠 쓰거나 나눠 가질 게 따로 있지. 우리 회사, 우리 학교, 우리 대표님 등등은 얼마든지 이해한다. 우리 남편, 우리 아내는 정말 이해할 수 없었다. 형제, 자매 없는 외둥이가 우리 아버지, 우리 엄마라고 말할 때도 승건은 이해할 수 없었다.

승건은 내 집, 내 차, 내 고양이, 내 가족, 내 여자, 내 엄마, 내 아버지……. 형제가 있어도 '나'를 주체로 단어를 사용해 왔다. 내 인생은 내 것이고, 내가 주체가 되어야 한다고 믿는 축이기에 그랬다. 앞으로도 그럴 것이고.

들켜야 부끄러운 건가요?

「미안하지만」

· · ·

'상상에 예의가 필요할까?'

세연은 디자인 팀 회의실에 앉아 회의를 주관하는 승건을 물끄러미 바라보았다. 말할 때마다 움직이는 강인한 턱선에서 조금만 아래로 내려가면 아쿠아블루의 산뜻한 넥타이를 볼 수 있다. 넥타이를 매주는 아내가 세연의 눈앞에 어른거렸다. 넥타이를 매주다가 침대로 돌진하는 부부의 모습이 어른거리기도 했다. 땀에 젖은 그들의 침대와 흐트러진 머리카락, 정사 후에 침실을 에워싼 은밀한 냄새가 후각을 자극하기도 했다.

'어쩌자고!'

세연을 몹시 곤혹스럽게 하는 상상은 자의적인 것이 아니었다. 불시에 해일처럼 쳐들어온 장면들이 이어져서 상상이라는 하나의 필름에 담긴 것이다. 그에게 미안했고 얼굴도 알지 못하는 그의 아내에게 죄스러운 마음이 일렁였다.

세연은 상상을 떨치고 앞에 놓인 잔을 들어 식은 녹차를 단숨에

들이켰다.

'들키지 않았으니 미안하지 않은 걸까? 아무도 제 머릿속을 들여다보지 못했으니 세연은 최소한 윤리를 지킨 여자인 걸까?'

부끄러운 짓을 했을 때 부끄러워하는 사람이 있는가 하면 부끄러운 짓을 들켰을 때 부끄러워하는 사람이 있다. 부끄러운 짓인 걸 알았을 때 멈추지 못했다면 둘 다 부끄러운 짓이다. 후자는 몹시 비겁하면서 부끄러운 것이고, 세연은 적어도 이 상상에선 후자에 속했다. 들키기 전까지는 부끄러워하지 않기로 했으니까.

"미안하지만 조금만 더 상상할게요."

미안하지만, 이라고 단서를 달아야 할 말이라면 안 하는 게 좋다. 굳이 네 기분을 상하게 하기로 했고, 나는 그 결심을 실행하기로 했어. 그러니 말할 거야. '소쉬르(Saussure)'식의 사행(使行)을 담보하는 말은 세연이 종종 써온 말이다.

"여긴 너무 시끄러워." 그러니 조용한 곳으로 옮길까?

"이 국은 짜." 물을 조금 더 붓도록 해.

숨어 있는 뜻을 알아차리는 걸 기표화의 관점이라고 한다면 들키지 않은 부끄러움에 대해선 무어라고 명명할 수 있을까? 몸이 행한 행위의 '파롤(parole)'쯤이 되지 않을까?

짝사랑도 허락받지 않은 채 밀어붙이면 폭력이 된다. 상호 호환되지 않는 감정은 일방적이다. 일방적인 것보다 불편한 것은 없다.

일방적으로 몰아붙인 상상에 세연은 얼굴을 붉혔다. 디자인을 처음 배울 때 상상하지 않으면 성공할 수 없다는 말을 자주 들었다. 상상은 지식을 배우는 것보다 중요하다고 들었다. 세연은 마치 승건이라는 성공에 이르기 위해 상상하는 기분이 들었다. 남의 남편이건만, 마음은 두서없는 채 오갔다.

집요하게 승건에게 묶이는 마음을 털어내기도 전에 반지를 끼지 않은 그의 손가락에 눈길이 묶였다. 나라면 반지는 절대 빼게 두지 않을 거야. 세연은 손가락에 자유를 달고 다니는 남편을 출근시켜 내보내는 아내의 마음을 들여다봤다.

그제야 온전히 마음이 식었다. 상상에 바리케이드를 친 채 세연은 회의에 집중했다. 아기 물티슈라는 대전제하에 시작된 네이밍 프레젠테이션 회의는 끝날 것 같지 않았다. 네이밍이 끝나야 글씨체를 넣는 것으로 디자인을 시작할 텐데.

아빠 손길? 승건이 입가에 머금었던 '내 아이가'라는 말에 생각이 닿았다. 불현듯 세연은 '아빠 손길'이라는 네이밍을 떠올렸다. 그가 좋아할 걸 생각하니 어쩐지 울적해져서 입 다물었다. 네이밍은 마케팅 팀이 할 일이었다.

아빠인 승건을 떠올린 후 마음은 잠잠해졌다. 한 남자를 두고 더는 아무것도 상상하지 않겠다. 결국은 허약하여 무너질 결심의 벽돌을 하나하나 쌓는 기분이었다.

자주 사용하는 것 같아요

「-것 같아요」

:
:

"잘됩니까?"

"응원해 주면 잘될 것 같아요."

입사 동기는 책상에 커피를 놓아주며 호감을 드러냈다. 세연과 함께 입사한 또 다른 계약직 직원으로 세연보다 한 살 어린 SI 개발 디자이너였다. 들리는 말에 의하면 개인적으로 몇 군데 업체와 따로 계약을 맺어 SI와 SM을 도맡아 한다고 했다. 외부 일을 하는 조건을 내세워 한시적으로 이곳에서 근무하기로 했다는 말은 그가 타고 다니는 고급 수입 세단을 보아도 신빙성 있게 들렸다.

"제 응원이 힘이 될까요?"

"그럴 것 같아요."

세연은 의례적으로 대답했다가 덧붙이는 형식으로 말을 바꾸었다.

"동기가 응원해 주면 잘될 겁니다. 응원은 에너지가 될 게 뻔하거든요."

'같다'는 말은 '너무'만큼이나 무차별하게 사용하는 표현이었다. 생각이나 의견을 물어올 때 특히 세연은 어미로 '같아요'를 활용했다. 자신이 겸손한 사람으로 보이길 바랄 때 유독 더 자주 사용했다.

나이가 같다거나, 취향이 같다거나, 비가 올 것 같다거나……, 진짜 같다고 말할 때 사용해야 할 단어인 걸 알면서도 불확실한 의사 표현의 도구로 활용하며 자신을 낮추었다고 믿었다.

"다시는 늦지 않는 게 좋을 것 같아요."

"지금 그 옷은 별로 어울리지 않는 것 같아요."

"맛있는 것 같아요."

"네 살 언니인 것 같아요."

유독 '다르다'와 '틀리다'를 구별하지 못해 애쓰던 희란은 불확실한 의사 표현엔 질색했다. 세연이 내놓던 답을 일일이 바꾸곤 다시 말해주길 바랐다.

"가능하면 늦지 마세요. 신뢰를 잃기에 가장 좋은 방법이에요."

"그 옷은 체형을 고려하지 않은 옷으로 보여요."

"맛있어요. 또 오고 싶어요."

"세연 씨가 나보다 네 살 어리네요. 우리 언니, 동생 할래요? 난 그러고 싶어요. 어때요?"

그랬으면 좋겠다. 그랬으면 한다. 혹은 내 생각은 이렇다. 나는 이렇게 생각한다.

분명하게 말하던 건 어린 시절부터 익힌 언어 습관이었다. 그 말투를 사람들은 알아차리지 못한 채 세연이 말할 때마다 세 보인다거나, 교만하거나 오만해 보인다거나, 잘난 척하는 재수바가지로 여겼다. 이름을 응용하여 '강세야, 강세!'라고 굽히지 않는 자존심을 지적하기도 했다. 어느 날 의식적으로 어미에 '같아요'를 활용한 뒤 세연을 놓고 좀 바뀐 것 같다느니, 수더분해졌다느니 하며 평가가 바뀌었다.

'같아요'를 사용하면서 세연은 태도에서도 한발 물러서는 걸 익혔다. 말이 행동을 지배한 것일 터다. 잦은 이직에서 비롯한 낮아진 자존감이 그렇게 세연을 바꾸었을 것이기도 했다.

달라진 평가 이후로 세연은 '-것 같아요'를 의식적으로 자주 사용했다. 언어 습관이 사람의 지배적 인상을 좌우할 거라고 믿었다.

사람에 대한 인상은 말투가 아닌 말과 태도, 결정에서 오는 것임을 알려주던 희란이 떠올랐다. 그녀를 생각하니 낯선 그리움에 눈물도 살짝 맺혔다. 돌이켜 보면 세연은 그녀를 무척이나 좋아했던 것 같다. 아니, 세연은 그녀를 무척이나 좋아했다. 앞으로도 그녀를 좋아할 것이고 어쩌면 오래도록 그녀를 기억할 것이다. 그것은 분명한 사실이었고 유일한 진실이었다.

질문받지 않을 권리에 대하여

「애기 안 낳으세요?」

∴

생각은 강물 줄기처럼 자연스레 그녀에게로 조금 더 흘러갔다. 한창 이력서를 쓰고 면접을 보러 다니던 어느 날, 희란이 저녁 무렵 벨을 눌렀다. 문을 열어 반겨 그녀를 안으로 들인 뒤 세연은 즉석밥 하나를 더 데워서 양푼에 넣었다. 전날 엄마와 동생이 다녀가면서 채워준 냉장고엔 김치가 종류별로 그득했다. 깍두기와 배추김치, 열무김치, 파김치를 섞어 달걀프라이를 얹고 참기름을 둘러 비빈 참이었다.

산업디자인을 전공한 뒤 포장과 제품디자인을 했던 희란은 세연이 포트폴리오를 업데이트하는 데 많은 아이디어를 제공했다. 전공이 같고 대기업에서 잘려 나온 이유도 비슷한 걸 확인한 뒤 희란과는 조금 더 친밀해졌다.

"재활용한 비닐로 포장한 친환경제품, 이런 거면 참 좋죠."

"제품만 친환경이 아니라 포장도 친환경을요? 아, 맞아요. 나 실용성만 생각했어요."

"친환경보다 더 좋은 실용성은 없어요."

"포장은 버리는 거잖아요."

"그러니까 잘 버려야죠. 앞으론 더 그런 세상이 올 거고요."

"잘 버리는 거, 포장디자인에 정말 필요한 문구네요."

"이미 많은 회사가 시작했어요. 난 내가 필요해서 생각이 난 거고요. 생리는 불규칙하고, 행주 대신 물티슈 썼더니 손바닥 갈라지고, 그러다 보니 라이프 포비아 됐잖아요."

"언닌 애 낳았으면 참 좋은 엄마 됐을 것 같아, 아니 분명 좋은 엄마가 됐을 거예요. 누군지 언니 놓친 남자가 안됐네요."

"내가 놓친 거예요. 애는 낳고 싶었는데."

"다음에 낳아요. 좋은 남자 만나서."

"다음이 있다면."

"당연히 있겠죠. 믿어요."

세연은 이야기에 몰두했다가 잠시 침묵이 고인 사이에 희란이 전혀 먹지 못하고 있는 걸 보았다. 깨작거리며 살짝 떠선 입에 넣고 오물거리기만 할 뿐 좀처럼 넘기지 못했다.

"입에 안 맞아요?"

"아니요, 맛있어요. 내가 요즘 잘 먹질 못해서 그래요."

"미안해요. 내가 흙 빼고 다 소화시키는 위장이다 보니 남들도 다 튼튼한 줄 알아요."

솔직하게 말하자면 먹는 것도 지장받을 정도로 희란의 건강이 그렇게 악화되어 있는 줄 몰랐다. 밥으로 고치지 못하는 병은 약으로도 고치지 못한다는 말을 세연의 엄마는 신봉했다. 그런 엄마에게 세뇌당하다시피 하며 자란 세연이다 보니 어떻게든 희란에게 밥을 먹이려고 했다. 잘 먹으면 나을 거라는 주술 같은 것에 걸려 있었는지도 모르겠다.

"진짜 미안해요."

식탁을 얼른 정리하고 희란 앞으로 따뜻한 매실을 진하게 타서 내려놓았다.

"매실이에요. 엄마가 담근 거. 이건 괜찮죠?"

"머플러 하나 주고 너무 받아먹네요, 나."

그 말을 끝으로 희란은 침묵 속에서 매실차를 비우곤 집으로 올라갔다. 그때 묻지 못했던 걸 세연은 종종 후회했다. 후회는 닫힌 결론이었다. 지나간 일의 잘못을 뉘우치고 깨친다고 해도 만회할 기회는 주어지지 않았다. 특히 희란이 있는 일은 더욱 그러했다.

물어선 안 되는 말, 물을 수 없는 말, 물었어야 했을 말, 묻지 말아야 했을 말, 말을 두고 후회는 여러 형태로 세연을 과거로 데리고 가거나 과거를 현재의 세연 앞에 끌어다 놓곤 후회하게 했다. 이쯤 되니 후회는 명사가 아니라 과거 완료의 동사인 듯했다.

다시 그녀와 마주 앉은 시간으로 돌아간다면 그땐 물어볼 수 있을까?

세연은 아니라고, 조금도 망설이지 않고 대답할 수 있었다.

궁금하다고 해서 다 물어선 안 되는 것이 질문자가 갖춰야 할 최소한의 예의이자 의무이다. 질문받지 않을 권리가 훨씬 크다는 뜻이다. 때론 묻지 않는 것이 더 나은 질문이다.

묻지 않는 대신, 그녀와 나눈 마음의 깊이라면 걱정하고 염려할 정도는 되었으니 손잡아 힘내라고 말했어야 했다. 끌어안고 어깨를 다독이며 가을이 오면, 겨울이 오면 하고 싶은 것들을 늘어놓으며 손가락을 걸었어도 좋았을 것이다.

이제야 묻지 못했던 말, 하지 못했던 말이 미안했다. 후회는 후회로 귀결됐다.

우리 밥 먹을까요?

「밥이나 먹어요」

:
:

"강세연 씨, 강세연 씨?"

"아, 네."

"무슨 생각 하느라 말을 못 들어요?"

"어디까지 말했죠?"

"동기가 응원하면 힘이 될 거라고 해서 얼마나 힘이 될지 물었습니다."

입사 첫날 동기 사랑을 부르짖으며 다가오는 그에게는 세연을 향한 호감이 물씬했다. 세연에게 말 붙이는 게 출근 목표라도 되는 듯 틈만 나면 내려와 세연 주변을 맴돌았다.

"동기의 응원이라면 오늘 안으로 끝낼지도 모르죠."

"좋아요. 힘내십시오. 이번에도 잘될 겁니다. 멋지게 끝내고 우리 밥이나 먹어요."

'밥이나' 먹자는 말에 세연은 고개를 갸웃했다. 마음에 차지 않는 선택을 할 때 또는 최소한 허용되는 선택을 할 때 쓰는 보조사가 왜 저기서 나오는가 싶었다. 때로는 최선의 것을 선택하면서 마치 그것이 마음에 차지 않는 것처럼 표현할 때 쓰는 말이 왜 자신에게 뱉어지는가, 궁금했다.

"글이나 써라."

"꼭 뭐나 된 것처럼 나서네."

"몇 사람이나 오겠어?"

"굿이나 보고 떡이나 먹어야지, 별수 있나."

예전에 세연은 고등학교 동창회에 나갔다가 "나도 디자인이나 할걸."이라는 말을 들은 적이 있었다. 최소한 허용되는 선택을 한 것처럼 낮잡아 보는 말투에 적이 상처받았었다.

'데이트나 할까?'로 치환되는 '밥이나 먹자'라는 말은 퍽 불편했다.

"멋지게 끝내고 우리 맛있는 밥 먹어요."

세연이 듣고 싶은 말은 그리 어려운 말이 아니었다.

다양성이 죽다

「배고파 죽겠네」

∴

아침 출근길, 승건은 주차장에서 세연을 만났다. 아침부터 웬 횡재일까? 내심 기쁨으로 꽉꽉 채워 주차하는 걸 보고 섰다가 엄지를 치켜 보였다.

"주차 잘하는군요."

"일찍 출근하셨네요? 좋은 아침입니다."

"네. 좋은 아침입니다."

나란히 건물로 향하는데 마침 도착하여 거의 동시에 주차하고 내린 민평제가 희읍스름하게 눈을 뜨고 두 사람을 살폈다. 대표인 승건을 건드리지 못하니 눈길은 세연 쪽으로 기울었다.

"민 부, 할 말 있으면 하세요."

승건은 마치 제 여자를 지키는 기분이 되었다. 세연에게 쏠린 눈길을 굳이 외면하지도, 모른 척 넘어가 주지도 않았다. 이 자리에서 어떤 찌꺼기를 남겨 사내에 쓸데없는 말이 돌아다니게 둘 수는 없었다.

"뭔가 느낌이 빡 오는데, 입이 간지러워 죽겠는데 말이죠. 궁금해 죽겠고 말이죠. 그런데 아직은 묻지 말라네요."

"죽지는 말아요."

"하씨!"

세연이 차고 나오자 민평제는 짜증을 토해냈다. 승건이 곁에 있으니 함부로 토설은 못 하겠고 답답한 눈치였다.

예뻐 죽겠네. 사랑스러워 죽겠네. 배고파 죽겠네. 보고 싶어 죽겠네. 미워 죽겠네. 맛있어 죽겠네. 더워 죽겠네. 졸려 죽겠네. 귀찮아 죽겠네. 지겨워 죽겠네.

보조 형용사로 쓰이는 '죽겠네'는 언어의 다양성을 죽인 경우이다. 어쩌면 다들 그리 죽겠다고 하는지, 한글이 이렇게나 단순한 언어인가 싶을 때가 있다.

"간지럽고, 궁금하고, 거기에 굳이 죽겠다는 말을 붙인 게 무슨 뜻인진 알겠는데요, 아침부터 죽겠다는 말 듣는 건 별로거든요."

"풋."

민평제가 한 말에 구절구절 반박하는 세연의 능청맞은 태도가 재미있어서 승건은 웃음을 쏟아냈다. 사랑스럽기도 하지. 그런 마음으로 세연을 본 순간 눈이 마주치자 승건은 순식간에 윙크를 보냈다. 아무 일도 일어나지 않은 얼굴로 시치미를 뗐다. 세연이 한 말에 적극적으로 동의한다는 뜻의 전달이었으나 세연은 그만 설레는 표정을 읽혔다.

그녀라면 일부러 들켰을 가능성이 컸다. 이런 태도가 자꾸 세연을 바라보게 했다.

　　승건은 동의하여 웃으면서 지지할 자유가 있고, 그 지지를 보내오는 방식에 세연은 설렐 자유가 있다. 윙크 한 번에 저렇게 반응해오며 수줍은 표정을 짓는 건 반칙이다. 저리 앳된 표정을 짓다니, 출입문을 통과하면서 승건은 손을 뻗어 세연의 손등을 슬쩍 쓰다듬었다. 이런 짜릿한 아침은 매일이라도 맞이하고 싶었다.

　　정말 좋아서 죽겠다.

　　심장이 서핑 보드에 올라 물결을 타며 멀미가 날 지경으로 오르락내리락했다. 이러다 심장이 과로사하지 싶을 정도로 설레서 죽겠다.

　　세연의 표정이 생생하게 건너왔다.

바뀌는 대화의 물결

「왜요?」

.
.
.

예쁘게 대답하라는 말을 이 직장에 와서 특히 자주 듣는다.

"강세연 씨!"

"왜요?"

"하, 또 나한테만!"

민평제는 신경질적으로 발을 굴렀다. 모든 이가 세연을 부를 때 세연은 "네!"라고 대답하거나 "부르셨어요?" 나긋하게 물으며 자신을 호명한 사람과 눈 맞추었다. 오직 민평제가 부를 때만 "왜요?"라고 되물으며 고개도 들지 않았다.

"왜 불렀어요?"

"이유가 있으니까 불렀죠."

"그러니까 왜요? 그 이유가 뭐냐고요."

부드러운 어조로 "네." 대답하고 그 앞으로 가서 "말씀하세요." 라고 말하는 대신 세연은 고집스레 "그러니까 왜요?"라고 물음으로써 그를 조금 더 화나게 했다.

"마케팅 팀에서 마지막 네이밍 회의 한답니다. 참관하고 한 표 행사하세요."

누군가를 호명할 땐 할 이야기가 있다는 뜻이다. 세연은 조카들이 이름을 불리었을 때 "이모, 왜요?"라고 대답하면 "네."라고 대답을 바꾸도록 훈육했다. 조카의 이름을 열 번 부르고, 조카는 열 번을 모두 "네!"라고 대답하면서 세연 앞에 도착하도록 했다. 그게 나름대로 그들에겐 스트레스였던 모양이다. 몇 번 했더니 다섯 살, 여섯 살짜리 조카들은 세연이 이름을 부르면 "네!" 하고 달려온다.
"인간은 왜 사는가?"
"연말 보너스가 늦게 나오는 건 왜죠?"
근원적 질문이 아니라면 '왜'라는 단어는 긍정적으로 느껴지지 않는다. 당연히 용건이 있어 불렀을 텐데 거기다 대고 "왜요?"라고 천진하게 묻는 건 좋은 대답이 아니었다.
왜지? 어째서 그렇지? 토론을 촉진하는 말이면서도 어떤 사실에 대하여 동의할 수 없을 때 인과를 요구하느라 쓰는 말, '왜'를 남발한 건 듣기 싫길 바라서였다. 민평제에게만 유독 "왜요?"라고 대답했으니 민평제라고 모를 리 없었다.

세연은 회의실로 향하면서 다음부턴 조금 얌전하게 대답해 줘야겠다고 생각했다. 모두가 행복할 자격이 있는 연말이 아니던가. 크리스마스 선물쯤으로 주면 좋겠다는 생각도 들었다.

"강세연 씨."

"네, 부팀장님."

상상하여 떠올리니 어쩐지 재미가 없었다. 심심하려나? 앙숙처럼 으르렁거리는 두 사람을 보는 재미로 출근한다는 사람들이 생겼을 만큼 두 사람은 사내의 화제 인물이 되었다. 호사가들은 싸우다가 정든다며 그들의 미래를 축원하기도 했다.

져준다는 것, 좋아야 좋은 것

「좋은 게 좋은 거잖아요」

　　·
　·
　·

　　뒤로 넘어져도 코가 깨진다는, 그 재수 없음의 초절정인 재수 없음을 갖다 붙이는 것도 어느 정도라야지.

　　"저주하는 겁니까?"

　　"내가 뭔가 실수했으면 그걸 말하세요. 기분 더럽게 하지 말고요."

　　두 사람의 '썸'을 응원하는 듯한 말에 경쟁하듯 미간을 찌푸렸다. 누가 먼저랄 것도 없이 불에 덴 듯 화들짝 놀라며 목소리를 높였다.

　　"져줘요, 좀. 좋은 게 좋은 거잖아요."

　　"부팀장님한테 져주라고 하세요. 왜 나한테만 말해요?"

　　"져줄 수 있는 사람한테 부탁하는 거죠."

　　져주라고, 참으라고, 좋은 게 좋은 거라는 말을 들을 때마다 세연은 헷갈렸다. 왜 져줘야 하는지 동의할 수 없었다. 충동이나 감정을 억누르고 견디는 것으로 자신에게 어떤 이익이 생긴다 한들 반가울 자신이 없었다.

억울하고 분한 마음을 참아서 복을 받은 기억이 별로 없다. 교실이라서 칭찬 스티커를 받을 것도 아니고, 설사 친절한 사원에 뽑힌다고 해서 디자인 실력이 월등해지는 것도 아니다. 인내심 테스트 혹은 극기 훈련은 다른 곳에서도 하기 싫었다. 그렇다고 사사건건 대들고 화내고 다 말하고 살겠다는 뜻이 아니다.

이미 우리는 여러 곳에서 필요 이상으로 져주고 산다. 사소한 일까지 져줘 버릇하는 건 정신 수양에 별 도움이 되지 않는다. 관계 개선에 도움이 되지도 않는다. 오히려 자신을 약자로 떨어뜨리거나 감정 쓰레기통으로 전락할 소지가 다분하다.

사람들은 한번 우스운 사람으로 만들어놓으면 그다음부턴 정말 함부로 대한다. 희생과 인내를 악용하는 사람들은 어디에나 있다. 세연은 우스갯소리의 주인공이 되어 함부로 소환되기 싫은 것이다. 져주는, 선의가 왜곡되어 우스운 사람이 되기 싫었다. 농담 따먹기로 웃기는 사람은 될지언정 말이다.

고행하는 수도자도 아니고, 왜 져주고 참아주란 말인가. 두려움을 참아서 할 말은 하는 것, 당장 불편해지더라도 그 잠깐을 참아서 해야 할 말은 하는 것이야말로 참아야 하는 가치 기준이다.

한 사람이 일방적으로 져준 뒤 언성이 높아지지 않았다고 해서, 말꼬리 잡아 얼굴을 붉히지 않았다고 해서 좋아진 게 아니다. 이 상황이 무마된 게 아니다. 잠깐 덮였을 뿐, 언제고 다시 화르르 일어날 불꽃인 셈이다. 그러니 세연은 감정을 묵히는 대신 그 자리에서 발화하고 싶은 것이다. 좋은 게 좋은 게 아니라 좋아야 좋은 게 아닌가 말이다.

구별하면서 살래요
「성격」＊「성질」＊「성정」

．
．
．

한승건 대표와 일대일로 면담하는 날이었다. 한 해를 마무리하는 소회를 겸하여 회사에 대한 의견을 주고받는 자리였다. 해마다 연말이면 내년을 준비하는 연례행사라고 했다. 생산직을 뺀 사무직 직원 80명은 적은 숫자가 아닌데도 대표는 그들과 모두 마주 앉는다.

면담을 마치고 나오는 직원들 손엔 상품권이 들려 있었다. 성탄 보너스 같은 시간이라고, 여직원들은 특히 승건과 마주 앉는 시간을 고대했다. 아무래도 보너스는 '그'인 듯했다. '그'와 마주 앉는 건 누구보다 세연이 받고 싶은 보너스였다.

"불편했거나 개선했으면 하는 사항, 바라는 것 모두 그대로 말해줬으면 해요."

"공식 회식은 없었으면 좋겠습니다."

"저도 가능하면 안 하고 싶습니다. 이유를 들어볼까요?"

"사적인 이야기를 나누게 되고, 관계를 돈독히 하는 게 불편합니다."

"조직사회에서 관계가 돈독해지는 건 좋은 일 아닙니까?"

"관계 맺고 싶지 않습니다. 친해지면…… 저한테 주어진 근무 연한은 이 년이고, 나중에 헤어질 때 힘듭니다. 매번 좋았던 사람들하고 헤어지는데 아무도 내 편이 없었어요. 조직은 기억력이 없고, 월급엔 의리가 없더군요."

조직사회에서 이루어지는 약속은 마치 취소하거나 갱신하기 위한 퍼포먼스로 느껴질 때가 많았다. 냉소적으로 말한 건 쌓인 경험의 산물이었다.

냉소적인 세연의 말이 그를 답답하게 만들었나 보다. 승건은 대답할 말을 찾다가 창가로 갔다. 창문을 열려다 말고 세연을 바라봤다.

"공기가 조금 텁텁한데, 창문을 잠깐 열까요?"

"제가 답답하게 해드렸군요. 기분전환이 된다면 얼마든지요."

"세연 씨는 이럴 때 보면 상당히 긍정적인 사람인데 말이죠."

왜 보통 때는 그렇게 부정적이냐는 질문이었다. 바꿔 말하면 성격은 좋은데 성질은 보통내기가 아니라는 뜻이다. 적확하게 사실 관계를 밝힌다. 세연이 부정적으로 날을 세웠을 땐 보통 때가 아니라 정규직과 비정규직을 가르는 제도에 봉착했을 때 그랬다. 민평제가 세연에게 무례하게 굴 때 대들면서 비아냥거리느라 일부러 그랬다.

대화는 핑퐁을 원칙으로 한다. 대학생 선수와 초등학생 선수가 탁구대에 섰을 때 대학생이 실력을 낮춰 받아주지 않는다면 핑퐁은 이루어지지 않는다. 강 스매싱은 나가떨어지라는 의미이다. 그런 면에서 상대방의 의도를 알아차려 세기와 속도를 조절한다는 것은 유의미한 일이다. 배려하지 않고, 정황이나 상황을 고려하지 않은 대화는 맥 빠지게 마련이다.

영하의 날씨에 창문을 열겠다는 건 의도한 행위였다. 직원들의 품성이나 본성을 파악하는 건 부서 이동에 도움이 되기 때문이다.

"미세먼지 나쁨이래요."

"대표님이시잖아요. 대표님 방이고요. 하고 싶은 대로 하면 되는 거 아니에요?"

"아, 옷을 가볍게 입고 올라왔는데, 겉옷을 갖고 올라오겠습니다."

각기 다른 반응이었으나 승건은 세연이 내놓은 대답이 제일 마음에 들었다.

자기가 한 말이 상대에게 어떤 영향을 끼쳤는지 분명히 파악하고 있는 게 우선 마음에 들었다. 대표라는 직함에 주눅 들어 있지 않은 게 그다음으로 마음에 들었다. 자신만을 내세우지 않아서 또 마음에 들었다. 분명한 자기주장이 마음에 들었고 오가닉을 이해하면서 뽑아내는 포장디자인이 마음에 들었다. 진작부터 눈치챘던, 집요할 만큼 제 입 속과 텅 빈 손가락을 오가며 곡예를 부리는 눈길도 마음에 들었다.

그녀가 지닌 본바탕인 성질은 배려가 깊은 편이었고, 사회적으로 형성된 그녀만의 고유 성격은 제법 맵찼으며, 독하기도 했다. 성질과 심정, 즉 타고난 본성인 성정은 그 배려와 독선에 균형을 잡는 역할을 톡톡히 했다.

흔히 농담처럼 "성격은 좋은데 성질이 개 같다."거나 "성질은 유순한데 한 번씩 성격 나오면 아무도 못 이겨. 지고는 못 사는 성정이라 그렇다."고 말하곤 한다.

세연은 잘 조율하며 지내는 사람으로 보였다. 타고난 성정대로, 훈육되어 육화된 성질을 조율하며 한 번씩 성격을 보여주면서 살아도 여전히 '을'인 세상이다. 이 척박한 계급 사회에서 다 좋다는 것은 약자로서의 위치를 공고히 할 뿐이다. 그 사실을 알아채고 삶의 태도를 정한 세연은 직장 동료로서보다 여자로서 조금 더 매력적으로 다가왔다.

다 이해되는 것이 가능할까?

「이해가 안 돼」

새해 첫날 아침, 세연은 늦잠 자고 일어나 엄마에게 갔다. 일산으로 들어오고 십 년 가까이 엄마는 혼자 살았다. 이혼도 사별도 아닌 채 그랬다. 아버지가 있는 것처럼 느껴지던 집은 이제 영원히 엄마 혼자 사는 집이 되었다. 다시 아버지가 없는 집 혹은 영원히 아버지가 사라진 집은 낯설었으나 더없이 평화롭고 고즈넉했다.

평생을 밖에서 떠돌던 아버지가 돌아온 건 3년쯤 된 일이다. 농사를 지은 건지 골프장에서 내내 살았던 건지, 아버지 얼굴은 새까맸다. 그게 병에 걸린 얼굴이란 걸 알기까지는 두 달도 채 걸리지 않았다. 수구초심이라고, 아버지는 죽을 자리로 돌아와 채 1년도 못 살고 떠났다.

잊을 만하면 한 번씩 들어와 자고 가던 아버지는 여행자보다 못한 존재였다. 이혼하라고 할 때마다 엄마는 똑같은 말을 반복했다. 같이 살고 싶은 남자가 생기면 하겠노라고.

세연은 그런 엄마를 이해할 수 없었다. 조선 시대 사람도 아니고, 능력이 없는 것도 아니면서 왜 그렇게 한 사람을 기다리며 사는 건지, 때로 그 삶이 답답해 보였다. 특히 아버지가 다녀간 뒤에 세연은 불만이 고조에 달했다.

아버지 삶은 옳지 않았고 기다릴 가치가 없는 사람이었다.

"엄만 대체 왜 이러고 살아?"

"이해시키려고 하지 마. 받아들여."

"받아들이기 힘들어서 그래. 날 좀 이해시켜 줘."

"넌 이해할 준비가 안 됐고, 난 너한테 설득당할 준비가 안 됐어. 우리 모녀 관계는 이 대화를 하다가 파탄에 이를지도 몰라."

엄마가 내린 결론에 전적으로 동의했기에 세연은 입 다물었다.

엄마와 세연은 서로 이해시킬 준비만 되었을 뿐, 이해할 준비는 되어 있지 않았다.

평화를 위해 대화를 포기하면서 속으로 간절히 바란 건 있었다. 하루빨리 엄마에게 같이 살고 싶은 남자가 생기기를.

육십에 이른 엄마는 아직 같이 살고 싶은 남자를 만나지 못했다.

관점의 차이를 차별하는 건 문제다

「문제 있다」

∴
∙

"엄만 남편 있는 게 없는 것보다 좋았어?"

"아무도 올 사람 없는 집보단 올 사람 있는 집이 낫잖아."

"그러니까 없는 것보단 있는 게 낫다 이거네."

"빚 빼곤 다 있는 게 낫지."

"전과도?"

"미친년."

"초등학생 가르쳤던 선생님이 말 너무 예쁘게 하는 거 아니야?"

정년까지 교단에 있을 거라던 엄마는 아버지가 돌아가시면서 퇴직했다. 한꺼번에 삶의 끈을 놓는 게 아닐까 우려했으나 우려로 그쳤다. 엄마는 혼자된 삶을 만끽하는 것처럼 잘 사는 게 보였다. 집 나간 남편보다 죽은 남편이 엄마를 운신하기 좋게 한 모양이었다. 엄마 나이에 축적된 사고방식이라면 그럴 수 있었다.

"시비냐? 그렇게 심심할 거 같으면 연애를 해."

"있어야 하지. 내 나이에 혼자면 그건 문제 있는 남자야. 나만 해도 문제 있잖아."

문제 있다. 발설하고 보니 문제 있는 게 느껴졌다. 서른세 살이 되었고 애인은 여전히 없으며 비정규직이다. 대학교까지는 엘리트 코스를 밟았다. 탄탄대로일 줄 알았으나 어떤 길도, 어떤 삶도 오르막길만 있지 않다. 내리막길은 오래도록 이어졌다.

관점을 바꿔보자. 대학교는 졸업하지 않았고 학창 시절 성적은 우수하지 않았다. 디자인을 전공하지 않았으나 우연히 스케치한 디자인이 눈에 띄었다. 그 일을 계기로 '오투 오션'라는 회사에 디자이너로 채용되었다. 비정규직이지만 편의점 아르바이트에서 월급쟁이가 됐으니 인생은 살아볼 만한 것으로 뒤바뀐다.

이처럼 주관적 관점에 따라 같은 위치가 다르게 해석된다. 차별적 인식이 아닐 수 없다.

삶은 자기가 살아온 만큼의 결과 앞에 도착하는 법이다. 옳다고 믿는 바를 선택했고 실천하고자 하는 의지도 없이 성질머리대로 행했다. 그건 어디든 취직할 수 있을 거라고 믿은 자신감의 발로였다. 눈높이를 낮춘 건 현명한 선택이라고 믿었다.

뒤늦게 자신을 규정한 네 글자, 문제 있다.

세연은 비로소 제 삶이 가진 문제를 들여다봤다. 삶의 주기율표에 자신을 끝없이 대입하며 비하하던 것은 언제나 자신이었다. 차이에 불과한 것들을 관점을 달리하여 차별하여 바라보고 있었던 셈이다.

아, 난 정말 문제 있다.

때로는, 따듯한 마음을 먼저 나누기로

「미안해」 ✳ 「고마워」

. . .

과일을 깎던 엄마는 사과를 툭, 세연의 입에 쑤셔 넣었다. 문제 있다고 스스로 진단한 딸이 못마땅하다는 뜻이었다.

"네가 어디가 어때서?"

"평생 후지게 살다 간 아버지에, 이젠 직업도 없는 늙은 엄마에, 서른세 살 비정규직에, 연애는 언제 해봤는지 기억도 가물가물하고. 너무 어디가 어떻지."

"그래도 어딘가에 괜찮은 남자 한 명쯤은 있지 않을까?"

"괜찮은 남자를 괜찮은 여자들이 그냥 둘 리 있겠어?"

"하긴, 네 거 될 거 같았으면 진작 만났지. 여태 아무도 주워 가지 않은 작자면 한심한 거고. 느려터진 년."

"그러니까. 지금 이 나이에 만나는 거면 서로 고물 수집가 되는 거야. 아직 혼잔 거면 너무 잘나서 타협이 안 되거나 자유에 너무 목매거나 둘 중 하나인 건데, 그게 제일 큰 고물이야."

"무슨 일 있니? 열등감은 왜 수집해?"

"오늘부터 삼 땡이잖아. 서른셋. 나이가 으스스해."

말하다가 세연은 자신이 이 집에 들어온 순간부터 한 사람을 떠올리고 있음을 깨달았다.

최근에 세연은 디자인을 낼 때마다 승건이 어떤 반응을 해올지를 우선에 두었다. 세연이 원하는 디자인이 아니라 그가 원하는 디자인을 뽑아내고 싶어서 몸살을 앓았다.

자신의 취향은 내팽개쳤다.

아침마다 그의 눈길이 유난히 많이 머물렀던 날 입었던 옷을 찾아 입었고 그 스타일을 고수하여 몇 벌을 쇼핑했다. 립스틱을 지우고 립글로스를 발랐다. 언제든 불꽃이 타올라 키스하게 될 순간이 온다면 입술에 립스틱이 번지는 염려를 지우고 싶었다.

승건이 말하는 어딘가에 그녀를 향한 호감이 숨어 있진 않을까 하여, 알아차리기 위해 집중하면서 그에게 발견되길 바랐다. 떡 줄 놈은 생각도 하지 않는데 김칫국부터 마시고 있는 꼴이지만, 어떤가. 단 한 번의 순간을 위해 미리 준비하며 꿈꾸는 건 세연에게 즐거운 직장 생활을 제공했다.

나를 잃어버리는 것이 아니라 새로운 내가 되는 것은 기쁜 변화였다.

"이혼남은, 괜찮은 사람이 있지 않을까?"

사내에서 떠도는 소문 가운데 승건이 이혼남이라는 게 있었다.

아직 그의 입으로 확인하진 않았으나 세연은 슬그머니 자리 이동했다. 그와 사적인 관계를 맺을 수도 있다는, 가능성의 위치로 추를 옮긴 것이다.

"쓰기 싫어서 버린 거면 어쩌려고?"

"쓰기 싫어서 버린 사람일 수도 있지. 자신이 했던 선택이 잘못된 걸 인정한 사람이라는 뜻이고. 그건 괜찮지 않을까?"

어쩐지 하지 말아야 할 일을 혼자 시작한 기분이 들었다. 만혼의 시대에 마흔까진 미혼의 누군가를 만날 여지가 충분했다. 서른다섯 살 정도는 노처녀라고 자조하기에 이른 나이로 쳤다. 그런 시대에 왜 미리 세연은 나이를 운운하면서 자조했는지 깨달았다. 연막을 치다니, 영악하기도 하여라.

"미안하다, 엄마."

"뜬금없기는. 차라리 고맙다고 해."

미안하다고 할 때마다 고맙다고 말하는 게 더 좋지 않을까? 고민했던 날이 무수했다.

실수했을 때 미안한 게 아니라 봐줘서 고마운 거로, 기대에 어긋났을 때 미안한 게 아니라 이해해 줘서 고마운 거로, 따뜻한 마음을 먼저 나누는 것도 괜찮을 것이다. 모녀지간이라면 특히.

정도에 알맞게 적당히

「적당히」

.

엄마는 사과와 귤을 내놓고는 주방으로 향했다.

"커피 어떻게 줘?"

엄마가 준다는 커피는 일회용 봉지 커피이다. 커피 메이커와 캡슐커피 머신을 사다 날랐으나 기계들은 모두 싱크대 안쪽에 고이 모셔져 있다. 엄마는 커피믹스만이 커피의 진수이며 마실 가치가 있다고 주장했다. 설탕 없는 커피를 마시면서 향이 좋다고 하는 사람들은 모두 위선자라고 우겼다.

"알아서 적당히."

"적당히, 알아서 봉지 세 개 털고 들이부으면 되는 거야?"

"그걸 또 그렇게까지."

"그러니까 확실하게 말해."

적당하다는 말은 정도에 알맞게 사용해야 무너지지 않는다. 확실한 수식어를 붙여서 사용해야 그 뜻이 제대로 전달되기도 한다.

"나들이하기에 햇살도 환하니 적당하다."

"건강체를 유지하기에 수면은 여섯 시간이 적당하다."

"제주도는 귤 농사를 짓기에 기온이 적당하다."

정도에 알맞을 때 써야 할 말이 '적당히'이다. 다짜고짜 적당한 성격이라거나, 적당히 먹는 사람이라거나, 이 책은 적당히 재미있다거나, 대화는 적당히 나누었다고 말하는 사람들을 만날 때 세연은 '적당'하다는 기준이 대체 무어냐고 묻고 싶었다.

'적당히'라는 말은 식당에서 "뭐 먹을래?"라는 질문에 "아무거나."라고 대답하는 것과 같을 때가 많다.

무책임한 단어를 버리고 세연은 고쳐 말했다.

"봉지 하나에 물은 육십 퍼센트."

"처음부터 그렇게 말하면 좀 좋아?"

"풀밭 일색으로 식사를 마쳤을 때 조금 달달구리한 이 커피믹스보다 적당한 차는 생각이 안 난다. 그치, 엄마?"

자격 없어도 되니까 구별은 합시다

「비평」 ＊ 「비판」 ＊ 「비난」

:

말과 실천 사이에 어쩔 수 없이 겪는 딜레마가 있다. 쓰레기 분리수거가 그랬다.

신년 연휴를 마치고 출근했을 때 세연은 자신이 디자인한 제품이 선택된 것을 확인했다. 시중에 판매되고 있는 물티슈, 미용 티슈는 비닐 포장을 기본으로 하고 있다. 비닐 포장 한 것을 플라스틱 겉 포장지에 담기도 했다. 모두 친환경과는 거리가 멀었다.

어느 날 희란과 나누었던 대화가 떠올랐다. 기억을 떠올려 세연은 아무런 무늬 없는 얇은 재활용 비닐에 1차 포장 하여 천연펄프 상자로 완결 포장 하도록 디자인했다. 승건은 그 디자인을 보곤 펄프 공장에 가자며 세연을 일으켜 세웠다.

나서는 뒤통수에 세연의 귀가 쫑긋해지는 말이 들렸다.

"대표님 참 이상하시네. 평생을 가도 디자인실에 한 번 안 내려오던 분이 이젠 툭하면 내려오시네."

세연은 그 이유가 자신이길 바랐다. 이 행위가 '썸'의 알리바이

이길 바랐다. 심장이 우다다 뛰는 건 머리가 하는 일이 아니었다. 얼마나 긴장했는지 그가 운전하는 자동차에 타선 안전띠 매는 걸 잊었다. 부끄러워 손을 꼬무락거린 건 스무 살 때 이후 처음이었다. 승건과 함께 있으면 이상하게 세연은 스무 살로 돌아간 기분이 들었다. 그는 시동을 걸고 나선 자신의 안전띠를 당겨 보였다.

아! 당황하여 안전띠를 매자 그는 주차장을 벗어났다. 공장까지는 40분 거리였다.

"샘플링까지 강세연 씨가 담당하도록 하죠."

"부팀장님이 가만히 있을까요?"

"그러면 제가 디자인을 내놓든가."

"풉."

장난스레 응수하는 승건의 말이 유쾌하여 코와 입을 동원하여 웃었다.

"제작 단가는 내가 맞추는 거니까, 펄프에 비닐 입히지 않도록 디자인 완료해 줘요."

"맞아요. 종이도 비닐도 아닌 게 분리수거 할 때 헷갈려요."

"신경 쓰이죠."

"버릴 때마다 굉장히 귀찮거나, 아니면 시치미 떼야 해요."

"양심에 찔린 채 그냥 버리기도 하죠."

"양심까지 버린 적도 많아요, 저는."

승건은 판매하는 상품을 보면 이따금 쓰레기를 생산하는 기분이라고 했다. 모든 포장재를 재활용할 수 있도록, 쓰레기양을 최소한으로 줄이는 상품 포장이 승건이 추구하는 '오가닉+오투' 경영이었다.

의식 있는 시민인 척 말했으나 세연은 타협하는 쪽이었다. 일부 실천한 것을 위안 삼아 함부로 버린 것들을 모른 척하는 쪽이었다. 살림에 능숙한 사람이 아니다 보니 여전히 쓰레기를 분리할 때마다 어디까지 분리해야 하는지 헷갈렸고 어려웠다. 라벨은 좀처럼 떨어지지 않았고 얇은 비닐 막을 붙여 단단하게 만든 종이 상자에선 비닐을 분리하기가 몹시 어려웠다. 휴일이면 분리하느라 하루가 다 갈 때도 있었다. 인내심이 극한으로 치닫기 쉬운 날들이었다.

스스로 타협한 분리수거는 백 프로 실천하는 것에 영원히 도달하지 못할 게 뻔했다. 그러면서도 의식 있는 척, 말로 떠들 때마다 세연은 양심이 쿡쿡 찔렸다.

제대로 실천하지 못하면서 함부로 비판하고 있는 것은 아닐까, 자신을 돌아봤다. 비판의 이름으로 비난하는 것은 아닐까? 스스로 필터링하고자 노력했다.

실천하지 않는 지식은 아는 게 아니라고 했다. 일종의 쓰레기라고 말하기도 한다. 편하고 싶고, 쉬고 싶은 본능대로 쓰레기를 버리는 건 자신이 쓰레기라는 걸 인증하는 셈이라는 뜻이다. 분리수거의 당위성을 아는 건 지식인이지만, 아는 것에서 그치지 않고 이성적인 사고로 과제를 해결할 때 지성인이 된다.

문학과 미술, 음악 등 모든 예술 작품과 재벌의 족벌 세습, 후진적 정치 행태, 쓰레기 분리수거나 충간 소음, 이별 범죄 등등 사회 현상엔 비평과 비판, 비난이 따른다. 지식인이 쏟아지는 시대에선 숙명이다.

가치를 논할 것인가, 지적할 것인가, 책잡아서 나쁘게 말할 것인가. 비평과 비판, 비난을 가려서 사용하는 순간 지식인과 지성인 역시 가려진다.

내게 자격은 있는가? 자문하는 단계를 거친다면 수위는 조금 순화될 것이다.

호기심입니까? 걱정입니까?

「걱정돼서 그래」

⋮

돌아오는 길에 승건과 세연은 비빔밥 프랜차이즈 식당에 들어
갔다. 혼자 살기 시작한 후로 세연은 비빔밥과 갈비탕, 김밥 같은
종류의 음식을 주로 사 먹었다. 재료를 사서 볶고 무치고 했을 때
뿌듯함은 잠시, 그 많은 나물을 처리하지 못해 결국엔 버려야 했다.
김밥은 열 줄 재료가 최소 판매 단위였다. 김밥 열 줄은 혼자서 다
먹을 수 없었다.

뚝배기가 오자 젓가락으로 비비면서 승건은 뜻밖의 이야기를
꺼냈다. 어쩌면 기다리던 이야기였고 그의 입을 통해 확인하고 싶
은 이야기이기도 했다.

"이거 레토르트로도 파는 거 알아요?"

"네."

"싱글들은 먹고 살기 편해져요, 점점. 마음에 들어요."

"대표님이 레토르트 식품을 사 먹을 일이 뭐가 있다고요?"

"그러게요, 있네요."

"이 회사 제품 되게 많은데."

"애용자예요."

"왜요? 사모님, 아직 아프세요?"

묻지 말아야 할 것을 물었다. 궁금해서 참을 수 없었다. 호기심은 천박했으나 그를 향한 호기심은 간절했다. 품은 호감이 절절한 까닭이었다.

질문에 대답하는 대신 승건은 크게 한 숟갈 떠선 입에 넣었다. 또다시 그의 강인한 턱선에 눈길이 묶인 채 세연은 조심조심 씹었다.

걱정을 가장한 호기심이었다.

조심스럽게 물었다고 해서 호기심이 아니게 되는 건 아니다.

질문한 건 위로를 가장하여 그의 삶을 들여다보고 싶어서였을 것이다. 왜 그런 마음이 들었는지는 능히 알고 있었다. 여전히 세연은 그의 입 속에 먹어보고 싶은 게 있는 걸 알았고, 볼 때마다 군침을 삼키고 있었다. 그건 인식적 호기심에서 출발한 것이며 상당히 구체적인 행동을 담보하고 있었다.

과학자가 호기심을 가지면 인류 생활에 유용한 무언가를 만들어낸다. 인류학자가 삶의 근원에 호기심을 가지면 몰랐던 삶의 역사를 알게 되고 아이가 호기심을 가지면 이해력이 높은 어른으로 성장할 것이다. 인간 행동의 동기로 호기심보다 좋은 것은 없으니까.

반면 남의 사생활에 호기심을 갖는 건 하등 쓸모없는 일이거나 저속한 가십에 그칠 확률이 높다. 걱정을 가장한 질문으로 가벼이 호기심을 해결하거나 천박한 뒷담화의 장을 여는 것도 여러 차례 경험했다. 스스로 자신을 배려 없는 인간으로 만들기 십상 좋은 일에 사람들은 주저 없이 나섰다. 이런 결론에 이르면 오늘 세연은 승건에게 있어서만큼은 세상에서 가장 쓸모없는 사람이 된 셈이었다.

있는 그대로,
한 사람의 우주를 바라보다

「기준점」

⋮

승건은 국도변 어디, 조용한 커피점 앞에 차를 세웠다. 주차장에서 커피숍까지 잠깐 걷는 동안에도 마스크는 필수였다.

"사계절 황사에 미세먼지를 만들어내더니 바이러스로 세계를 망쳤네요. 마스크를 벗는 세상은 오지 않을 것 같아요."

"그죠. 마스크를 쓰고 있어도 공기에선 먼지 맛이 나요. 정말 싫어요."

"모래가 씹히는 것 같죠."

"대표님, 우리도 마스크 개발해요. 공기 필터링 되는 마스크요. 솔직히 지금 쓰고 있는 거 안전하긴 한데 숨 쉬기는 힘들거든요."

"친환경 흡수력에 집중할게요."

한 우물 파는 사람이 성공한다는 말을 승건은 비교적 잘 지키는 사람이었다.

"제가 주제넘었네요."

"천만에요. 의견은 누구나, 언제나 낼 수 있어요. 그래야 마땅하고요. 나는 그걸 취합해서 어떤 결정들을 끝없이 해야 하고요. 결정은 모두의 이익을 위해서여야 하는 게 기준이죠."

그는 적확한 걸 좋아하는 사람이면서 정확한 사람이었다. 귀는 기울이되 쉽게 흔들리지 않았고 지적은 하되 폄훼하지 않았다. 실수하는 사람에게 실망하지 않았고 바꾸려는 시도도 하지 않았다. 각자의 기준대로, 가치관대로 사는 것을 지켜보는 편이었다. 그러다가 틀린 게 분명하게 보일 때 한마디를 툭 던졌다.

이제 세연은 '라캉'식으로 승건의 욕망을 욕망할 거라는 확신에 사로잡혔다.

누군가의 기준이 되고, 목표가 된다는 건 매우 바람직한 신호이다. 비교적 잘 살아왔다는 증거이기에 그 삶에 자부심을 가져도 좋을 것이다.

본받고 싶은 사람을 사랑하게 된다면 그보다 큰 행운이 있을까? 세연은 제 옆에서 나란히 걷는 승건을 느끼면서 냉탕과 온탕을 오가는 기분에 빠졌다.

잣대라는 것이 승건에게 가면 존중과 탄력이라는 두 가지 의미로 움직였다. 세연은 그가 품은 경영 원칙을 바꾸거나 제 기준으로 판단하려고 했던 것을 내려놓았다.

있는 그대로 바라보는 것이야말로 한 사람의 우주를 이해하는 첫걸음이다.

가치 기준의 차이일 뿐,
정답은 없으니까

「제대로」

∴

실내에 손님이라곤 그들뿐이었다. 계산대와 가장 먼 자리에 앉은 승건은 나직하게 자신을 이야기했다.

"강세연 씨, 내가 레토르트 식품을 사 먹는 건요, 이혼했기 때문이에요."

"어…… 정말 미안해요. 이런 대답을 바란 게 아니었어요."

곤혹스러워하는 세연에게 희미하게 웃어준 뒤 승건은 결혼과 이혼에 이르기까지 과정을 간략하게 언급했다.

승건은 수시로 자신에게 와서 머무는 눈길을 알고 있었다. 지금도.

처음엔 제 입술에 뭐가 묻었나 했다. 세연의 눈길에 맺힌 게 열망인 걸 알아차린 뒤엔 제 입술 형태를 자주 살피게 됐다. 입술에 집요하게 매달리는 눈길을 알아차리자 몸의 한 곳으로 피가 몰렸다. 눈이라도 마주치려 하면 후다닥 달아나는 눈길은 꽤 재빨랐다. 그게 귀엽고 재미있었다. 처음 그녀가 사는 주소지로 인해 관심을 품었던 건 어느새 뒷전이 되었다. 호기심은 호감으로 이동하더니 오직 강세연, 그녀만 보고 있었다.

승건은 자신보다 두 살 어린, 두 번째 사랑과 2년 연애 뒤에 결혼
식을 올렸다. 그들을 칸쿤으로 데려갈 비행기는 폭설로 결항됐다.
공항에서 차를 돌려 근처 호텔에 들어간 뒤 승건은 막 자신의 아내
가 된 여자와 대판 붙었다.

"노콘노섹! 나는 바꿀 생각 없어."

"허니문 베이비는 내 꿈이야."

"난 제대로 살고 싶어. 허둥지둥 삶에 끌려다니고 싶지 않다고!"

"난 제대로 된 삶을 살고 싶어. 가정이라는 완전한 형태에 아기
는 꼭 필요해."

첫날밤에 콘돔 사용 여부를 두고 둘은 극심하게 대립했다. 아기
는 이 결혼이 성공적이라는 보장이 있을 때 갖겠다는 것이 아내의
주장이었고 승건은 허니문 베이비를 꿈꿨다.

아내는 일과 결혼 생활을 양립하여 잘 해낼 수 있을 때까진 둘만
의 삶을 즐기며 회사를 조금 더 키우고자 했다. 제대로 살고 싶다고
주장했다.

승건은 제대로 된 삶을 살고 싶었다. 아기 울음소리가 들리고 그
아기가 미루나무처럼 자라는 걸 보는, 가정이라는 완전한 형태를
갖추는 것이야말로 승건의 꿈이었다.

퇴근 시간을 지키고 저녁 시간을 활용하여 좀 더 자기 계발에 몰

두하는 건 제대로 사는 것이다. 정규직이라는 조건이 갖춰지고 자신만을 오롯이 봐주는 애인도 있고 자기 계발 한 실력도 마음껏 발휘하며 저녁 시간의 여유를 누린다면 제대로 된 삶이다.

생각을 바꾸면 세연은 현재 비정규직일지라도 하고 싶은 일 하면서, 덕업일치까진 아닐지 몰라도 전공을 살려서 직장 생활 중이다. 짝사랑 중이지만 설레게 하는 상대가 있고 경기도 외곽에 작은 집 한 채도 갖고 있다. 세연은 스스로 진단하건대 이만하면 제대로 된 삶을 살고 있다고 자부했다.

자신을 담금질할 것이냐, 자신을 둘러싼 환경을 보완하며 나아갈 것이냐는 선택의 문제이다. 아내는 현재보다 높은 이상향을 세우고 그 기준에 올라가서 살고자 했고 승건은 자신이 이룬 환경에 만족하여 주변을 채우면서 살고자 했다.

제대로 사는 것과 제대로 된 삶을 사는 것. 가치 기준의 차이일 것이다.

이야기를 들으면서 세연은 들썩이는 가슴을 내리눌러야 했다. 해선 안 되는 일이라고 저어했던 일 하나가 사라졌다.

그를 나눠 쓰지 않아도 된다는 것. 그것은 어떤 획기적인 발명품보다 유용한 가치를 지녔다. 오롯이 그녀 혼자만의 바람이자 기쁨이었던 이혼은 그의 아픔이 들추어지는 갈피마다 안타까움과 애틋함을 불러일으켰다. 동시에 연애라는 필생의 목표에 다다를 거라는 기대감도 상승했다.

"병원으로 출퇴근하면서 아내를 돌봤어요. 주치의하고 형님, 동생 하면서 잘 지냈거든요."

주치의와 바람난 아내를 이야기하는 그는 담담했다.

"물티슈요, 내 아이가 쓰길 바라며 만드신 거라고."

"임신과 함께 아내가 깊은 병에 걸린 걸 알았어요. 아내한테 모정을 기대한 건 아니지만 아내는 일 분쯤 고민한 뒤 임신 중단을 결정했어요. 어차피 아이를 바라지도 않았고, 아이가 잘못될 확률도 매우 높았으니까요. 그래도 난 나하고 의논한 뒤에 결정해 주길 바랐거든요."

"백 일 같은 일 분이었을 거예요."

"생에 대한 애착이 강했던 사람이에요. 세무조사 받을 때 이혼 서류를 내밀더군요. 주치의한텐 딸이 둘 있으니 애 안 낳아줘도 되고, 완치 판정을 받았더라도 관찰 치료가 필요한 사람이니 의사가 남편인 건 매우 근사한 조건이었죠."

'살려놨더니.'

이혼 서류를 받았을 때 승건이 속으로 처음 한 말이었다. 몹시 불쾌했으나 수중에 쥔 게 절반 이상 빠져나간 상태의 그는 더 이상 아내에게 매력적인 존재가 아니었다.

"어쩐지 세연 씨하곤 계속 일할 것 같아요."

"풉! 쿨, 쿨럭."

무방비하게 차를 넘기다가 맥락 없이 치고 들어오는 말에 세연은 사레들어 기침을 연신 했다. 그때 승건이 건너와 세연의 등을 두드려주었다. 낯선 스킨십에 당황하여 기침은 조금 더 거세졌다.

"어, 미안해요."

"아니, 아니에요."

결혼 생활이 일방적 통보로 끝나자 승건은 자신이 버려져도 괜찮은 존재가 된 기분이었다. 매일 바닥으로 가라앉는 자존감은 둘째 문제 치고 아내와 아내를 데려간 주치의가 한없이 미웠다. 사랑을 상실한 게 가장 큰 상처였다. 보란 듯 일어서는 게 그나마 자신을 지키는 동력이 될 것으로 믿었다. 한 번 성공한 사람은 두 번째 성공하는 법도 알았다. 승건은 그렇게 일어섰다. 여전히 버려진 기분은 걷히지 않았다.

세연은 이야기를 듣다가 가만히 승건의 손등을 덮었다.

"대표님은 버려진 게 아니에요. 그 사람이 대표님을 놓친 거예요."

위로의 말을 던지다가 세연은 자연스레 희란을 떠올렸다. 그녀에게도 비슷한 말을 했었다. 다시 제대로 된 짝을 찾기 위한 과정이라고 덧붙였다. 둘 다 명품이라고 할지라도 운동화와 구두를 한 짝씩 신을 순 없지 않겠느냐고.

세상에 버려져도 괜찮은 존재는 단 한 명도 없다.

두려워 시작하지 않는 것,
그것이 유일한 실패

「실패」

:

늦은 밤, 집 앞에 도착했을 때 승건은 몸을 틀어 세연의 안전띠를 풀어주고자 했다. 공교롭게 세연이 안전띠를 풀려고 고개를 숙이는 바람에 그들의 얼굴은 가까워졌다. 손은 겹쳐졌다.

허업!

숨을 몰아쉬면서도 세연은 가까워진 거리를 뒤로 물릴 생각은 없었다. 겹쳐진 손을 빼낼 생각도 없었다. 승건도 같은 생각으로 보였다. 오히려 겹쳐진 손에 힘이 들어가기 시작했다.

"계속 침을 삼키던데."

"······."

"세연 씨하고 친해지고 싶어요."

"한 입만, 먹어봐도 되냐고 물으면 제가 변태인가요?"

그는 대답하는 대신 입술을 붙여왔다. 고개를 비틀면서 혀를 밀어 넣었다. 따뜻했다. 막 뜬 순두부처럼 연하고 부드러운 살덩어리가 입 안에서 사르르 녹아내렸다. 군침이 돌았던 지난 호기심은 기대 이상으로 충족되었다. 평생 빨아 먹어도 닳지 않을 순두부라고 생각하는 순간 그가 젖은 목소리로 속삭였다.

"키스만으로 선 내가 변태죠."

승건은 제 눈을 아래로 내려 가리켰다. 망설이듯 잡은 손이 어디로 데리고 갈지 알아차린 세연은 후다닥 놀라면서 자동차 문을 열었다.

조금만 더 있다간 제가 스스로 손을 뻗을 것만 같았다.

세연은 도망치듯 아파트 안으로 들어가 엘리베이터 오름 버튼을 눌렀다. 그는 하프 코트로 앞을 여미곤 벽에 기대서서 사춘기 소년처럼 얼굴을 붉혔다. 얼굴에 반해 나오는 말은 거절은 거절한다는 투였다.

"영화 보러 갑시다."

"그렇게 훅 치고 들어오면, 전 가죠."

"사내 연애는 절대 안 한다 했는데."

"절대는 절대 없는 거고요, 영화 한 편 보는 거로 연애한다고 하진 마세요. 그, 냥, 영, 화, 보는 겁니다."

방금 나눈 키스는 뭘까? 승건은 사춘기 소년처럼 물으려다가 그대로 피식, 웃어넘겼다.

"일단 영화는 봅시다."

"그럽시다!"

"그런데 세연 씨는 연애 싫어요? 아니면 나하고 하는 연애가 싫어요?"

"모든 시작은 끝이 있게 마련인데, 나는 끝에 도달하지 않는 게 목표거든요."

"안 끝나면 되죠."

"남녀 사이는 시작하지 않는 게 안 끝나는 유일한 방법이에요."

도전하지 않으면 실패하지 않는다. 이별은 사랑한 사람이 누리는 특권이고, 가을을 살아냈기 때문에 겨울을 맞이한 것이다. 지각하거나 일찍 도착하는 건 약속했기 때문에 이루어지는 일이고, 취소하거나 결행하는 건 계획했기 때문에 이루어지는 일이다.

실패나 취소, 이별, 지각 같은 건 어떤 일의 맺음이 아니다. 삶이 완료되는 일도 아니다.

지치도록 알몸으로 뒹굴고 뜨겁게 다투면서 하나씩 양보하고 하나씩 얻어내면서 각자의 영역을 인정하고 공유하는 것은 건강한 사랑의 증표이다. 끝날 거라고, 결과를 미리 정해놓고 아예 시작하지 않는 것은 불운하다. 끝날 때 끝나더라도 그 길에 이르는 동안 마주치거나 경험하게 될 많은 감정을 놓치는 것은 남녀 사이가 끝나는 것보다 더 애석한 일이다.

알고 있지 않은가. 입학할 때와 같은 마음으로 졸업한 적은 단 한 번도 없었다. 봄을 맞을 때 마음과 끝날 때 마음 역시 단 한 번도 같은 적이 없었다. 설렘은 익숙함으로, 지루함으로 변모했고 다음 계절을 기다리듯, 다음 학년을 기다리듯, 다음 설렘을 기다렸다. 그것은 끝난 게 아니라 새로운 시작을 의미하는 것과 같았다.

"시작하지 않으면 설레는 이 감정엔 어떤 살도 안 붙어요."

"키스 한 번에 참 많은 의미를……."

"난 넣고 싶어요. 더 가고 싶거든."

승건은 매우 영리하게 단어를 골랐다. 보통은 의미를 '부여'하고 싶다고 말한다. 그는 의미를 '넣고' 싶다고 말함으로써 두 가지 뜻을 전달했다. 대답하기 전에 도착한 엘리베이터는 매우 고마운 문물이었다.

어디까지가 다행일까?

「다행히」

.
.
.

승건은 집으로 가면서 몇 개의 생각에 몰두했다.

아내가 삶에서 빠져나간 뒤 돌아오지 않을 줄 알면서도 기다렸다. 사랑이 남아 있어서가 아니었다. 하루가 텅 빈 것 같아서, 뭐라도 하면서 하루를 채워야 할 것 같아서 선택한 일이었다. 연락이 오길, 이별을 무효로 해주길 꿈꾸었다.

돌아온 아내에게 승건이 하고 싶은 말은 하나였다. "떠난 거 아니었어?"라고 힐난처럼 되묻는 것. 떠날 때 이미 아내는 남이었다.

스스로 일어설 시간을 벌기 위해 기다림은 제법 괜찮은 도구였다. 기다리는 나날 동안 아내를 들여다봤던 건 아팠던 사람에 대한 책임감 같은 것이었다. 그건 미련과는 엄격하게 구분되는 행위였다. 기다림과 미련은 전혀 다른 성질의 것이다.

아기를 원하지 않다가 임신했다. 아내는 낙담한 채 배태된 생명을 받아들이기로 했다. 그러나 생명은 십 주, 배아에서 태아가 되면서 사산됐다. 산부인과 의사는 임신을 축하하는 소식 대신 초음파 검사를 제안한 뒤 자궁경부암을 통보했다.

다행히 초기에 발견되어 완치율이 높다고 했다. 암에 걸리지 않았어야 다행인 거 아니냐고 승건은 따져 물으려다 그만뒀다.

"병에 걸린 건 유감이지만 초기에 발견되어 완치율은 높습니다."

"이런 소식을 전하게 되어 몹시 힘듭니다."

"위로가 되진 않을 줄 알면서도 할 수밖에 없군요. 아기든, 치료든 하나를 택해야 합니다."

이 많은 말들을 두고 '다행히'라니. 그 세 글자는 승건이 들어본 말 가운데서 가장 무례하고 폭력적인 위로로 느껴졌다.

시련이 온다면 그 시련을 견딜 힘을 달라고 기도하겠다던 누군가의 말이 떠올랐다. 승건은 견딜 힘 따위 필요하지 않으니 시련을 거두어달라고 말하고 싶었다. 떠도는 공기 어디든 주먹을 내지르며 욕설을 뱉었다. 함부로 위로하는 말을 듣자니 마음 마디마다 베인 상처로 비릿한 피 냄새가 올라왔다. 이따금 피 냄새는 죽음의 냄새처럼 승건을 괴롭혔다.

그 시절의 그는 아무것도 '다행'하지 않았다.

'다음'은 언제나 있다

「다음」

.

아내와 끝난 뒤 승건은 담담하게 마음 속속들이 매듭을 지었다. 사랑이 끝난 건 아내와의 관계가 끝났을 뿐이다. 사랑도, 사람도 새 것으로 다시 올 것을 알았다.

사랑은 어쩌면 옷과 같아서 새로운 사랑 역시 언젠간 낡을 것이다. 낡은 채로 정들어 계속 입든가, 새 옷을 장만하든가, 삶이 어디로든 그를 데리고 갈 거라고 믿었다. 다음 페이지로 넘기기 위해선 현재 페이지를 읽어야 한다. 점프와 생략은 영화나 드라마 속 이야기일 뿐 현실의 삶에선 있지 않다.

승건은 간절히 바랐다. 꿈꾸었던 '다음' 사랑이 세연이 되기를. 세연이 '다음'이 있음을 믿으며 자신을 받아들여 주길. 그녀와 '다음' 책을 읽는 게 아니라 영원히 '다음' 페이지가 있는 한 권의 역사를 완성할 수 있기를.

우리는 언제나 제페토 할아버지처럼 '다음 한 걸음을, 다음 한 숨을, 다음 비질을' 생각해야 하지 않겠는가. 그게 삶을 이어나가는 거의 유일한 방법이라고 알고 있다.

오늘은 다음번 오늘을 위해 살아냈고 내일은 다음번 내일을 위해 기다렸다.

죽음이 아닌 다음에야 사는 동안엔 '다음'이 거세된 실패란 없다. '다음'으로 넘어가는 과정이며 우리는 과정을 맞이하여 누릴 의무와 권리가 있다. 특히 사랑엔 더 많이 열려 있는 '다음'이다.

'다음'이 있다는 것은 아름답지 않은가.

2부

무엇이 중한데?

「순수」＊「순진」

∴

승건이 그녀에게 데이트를 신청한 건 그로부터 나흘이 지난 날이었다. 영화 보자던 약속을 지키자고 했다. 숫자 1이 사라지는 것과 동시에 '좋아요' 이모티콘이 도착했다.

승건은 예약해 놓은 대로 자동차 극장으로 달렸다. 영화를 보면서 필름 대신 돌아다니는 생각을 본 것 같은 착각이 들 정도로 그는 옆자리를 힐끗거렸다. 집중하지 못한 건 영화가 재미없어서가 아니라 세연이 옆에 있어서였다. 영화보다 조금 더 집중하고 싶은 대상이 있었고 그것에 따른 것이다.

"세연 씨 만나려고 이혼한 게 아닐까, 좀 후진 생각이지만 한 적 있는데."

"그냥 만나는 남녀 사이로 해요."

"그냥 만나는 남녀 사이라면, 어디까지 갈 수 있는 거죠?"

"끝까지?"

덥석, 손을 잡은 건 무드 없었으나 잡은 손바닥에 땀이 고이기 시작하면서 무드는 자연스레 형성되었다. 호흡이 불규칙해지면서 때로 엉키기도 했다. 승건은 이대로 시트를 뒤로 젖히고 그녀 위에 올라타고 싶었다.

서른을 넘긴 남녀가 스킨십에 절차를 지키는 건 먼 길로 돌아가는 기분이 들 때가 있다. 더는 순수하거나 순진하지 않아서가 아니라 도달할 곳이 어디인지를 알기 때문이다.

이성을 아는 몸은 순수하거나 순진하지 않은 걸까?

이성과 한 번도 섞여본 적 없는 몸과 마음은 순수했다. 사랑이 가진 감정과 절차에 어수룩했던 스무 살은 순진했다.

순진이나 순수는 스무 살의 언어로 인식했고 스무 살에 두고 왔다고 믿었다.

서른 살은 서른 살에 어울리는 사랑을 하는 게 조금 더 그럴듯해 보였다.

순수하거나 순진하다는 게 스무 살에게 주어진 의무라고 말하려는 게 아니다. 스무 살을 어떤 개념적 인식에 가두려는 것도 아니다. 그녀를 향한 이 마음은 순수하며 그녀에게 다가가는 방법은 몹시 순진하다는 것을 밝히고 싶은 것이다. 몸의 언어를 욕망하고 정직하게 드러내는 것은 순수한 것이라고.

승건이 확실하게 말할 수 있는 건 하나였다. 순결을 말하는 시대는 저물었다는 것.

성실한 마음은 사랑에 물을 준다

「해도 돼요?」

⋮

한 사람의 이성을 만나서 감정의 교집합을 만들어갈 때마다 육체의 교집합도 생겼다. 마음이 열리는 걸음을 따라 육체도 착실하게 서로를 향해 들어갔고 만났다. 그 과정은 때로 지루했거나 무료하여 따분한 감정이 들기도 했다. 그 역시 사랑에 이르는 길엔 필요충분한 감정이었으나 생략하고 싶은 마음이 우세했다. 기어이 도착하고야 말 곳이라면 조금 일찍 도착해도 좋지 않겠는가, 몸이 먼저 말을 걸고 싶은 것이다.

한 번 키스했다고 해서 다음 키스도 허락된 것은 아니었다. 그것은 연인 사이나 부부 사이에도 지켜야 할 예의이자 규칙이었다.

"난 지금부터 세연 씨에게 키스를 할 거예요. 무례하다 싶으면 뺨을 갈기세요. 그러면 내가 정신을 차리겠죠."

"기다렸어요."

"오, 맞진 않겠군요."

키스해도 돼요? 키스 직전에 묻는 남자를 만난 적이 있다. 그는 수줍은 편이었고 예의 발랐다. 키스하고 싶은 마음이 드는 건 서로 간에 그럴 만한 분위기가 조성되었고 감정이 쌓였다는 뜻이었다. 눈빛에 맺힌 화학적 반응이 키스로 연쇄한 것이기에 서로의 눈에 맺힌 입술을 향해 다가가면 됐었다.

눈 감으려는 순간 귓전에 꽂혔던 질문은 해일처럼 세연을 덮었다. 질문은 마치 키스로 인해 벌어질 감정의 책임 소재가 각자에게 귀속된다고 말하는 것만 같았다. 쌓인 감정은 가라앉았고 흥분은 식었다. 그와는 키스하기 전에 헤어졌다.

키스해도 돼요? 헤어지면서 손 흔들다 묻는 남자를 만난 적이 있다. 그녀는 대답하듯 고개를 숙였고 그는 돌진해서 왔다. 거리가, 충분히 조성되지 않은 분위기가 묻게 했다. 그 남자와는 키스 후에 헤어졌다.

욕정은 충동적이라고 해도 욕망은 쌓아 올려야 하는 감정이다. 그 남자는 번번이 즉흥적이고 충동적으로 묻곤 행하려 들었다. 차근차근 분위기를 쌓는 것도 사랑이 요구하는 성실 가운데 하나이거늘 그 남자는 혼자 조바심을 내다가 혼자만의 욕정에 떠밀리곤 했다. 그 남자는 제 감정조차 책임지려는 자세가 되어 있지 않았다.

키스에 이르는 분위기를 만드는 것은 관계에 집중하고 있다는 증명이었다. 세연은 자신에게 집중하는 남자가 좋았고, 그들을 제 남자로 만들기 위해 세연이 노력한 것만큼 그들도 세연을 곁에 두기 위해 노력해 주길 바랐다.

사랑보다 성실한 걸 요구하는 마음은 없다. 이 별것 아닌 진리를 알아차렸을 때 그녀 곁엔 아무도 없었다.

'썸'은 질문을, '연애'는 행동을 만든다

「좋아해요」

.
.
.

    승건은 붉은 혀를 내밀어 아랫입술을 핥더니 고개 숙였다.

    기다렸다, 나도 너만큼 원한다, 식으로 가감 없이 속내를 털어놓고 말하는 것으로 그들은 거짓 없이 소통했다. 서로의 욕망이 어디쯤 가고 있는지 솔직하게 내보였다. 속으론 원하면서 아직은 이른 것 같다는 식의 내숭은 저만치 밀어둔 셈이다.

    세연은 승건이 욕망하는 일을 자신도 원하고 있다고 말했다. 그건 승건을 움직이는 말이 되었다. 승건은 시트를 살짝 젖히곤 그녀의 입술을 찾아 물었다. 입술이 겹쳐지기도 전에 벌어진 입 속에서 뜨거운 덩어리를 가진 호흡이 달려 나왔다. 동시에 눈이 감겼다.

    키스는 입술과 입술로만 하는 것이 아니다. 승건은 그녀의 이마와 눈, 볼, 코, 귓불, 턱, 목덜미를 찾아다니며 입술을 붙이고 혀를 내밀어 핥고 빨아들였다. 욕망은 관성의 법칙과도 같아서 멈출 줄 모른다. 기어이 몸 전체를 입술로, 혀로 읽고 싶어 하는 게 키스가 가진 본성이었다. 교환되는 타액은 아랫도리를 팽창시키거나 젖게 만든다. 종내에는 변화한 몸을 하나로 교합하고 싶어 하는 일종의 운동에너지가 키스인 셈이다.

"좋아해요."

"네."

"나요 세연 씨 좋아해요."

"네, 좋아해요. 저도."

사랑한다고 말하기엔 성급한 것, 어쩐지 속도위반하는 기분일 때 대체 언어로 '좋아한다'고 말해왔다. 마음의 경제속도를 준수하고자 하는 발로의 언어인 셈이다.

고백하지 않으면 무슨 짓을 할지 모를 정도로 마음이 폭발할 때가 있다. "도대체 우리 사이에 뭐가 있어서 사랑한다고 말하는 거죠?"라고 그녀가 묻는다면 "사랑하니까요."라는 대답 외엔 할 말이 없었다.

사랑은 벼락처럼, 번개처럼 심장을 관통하여 들어오는 일이었다. 그건 이론으로 설명할 수 없었다. 사랑을 이론으로 설명하여 대답하는 순간 가슴은 사라지고 머리만 남는다. 이론을 증명하기 위해 학습화하여 대답한 대로 과정을 밟는다. 그 사랑은 자연스레 건조해지거나 퇴화하여 사라진다.

폭죽처럼 터져 나오는 말을 도저히 입 안에 가둘 수 없을 때 가장 효과적인 말.

'좋아해요.' 고백이 '사랑해요.'로 의미 해석 되어 마음속을 당당하게 돌아다녔다.

좋아한다고 고백한 것은 사랑한다는 말과 같은 수위였다. 고백을 고백으로 호응하여 들려주자 승건의 손은 그녀의 코트 속으로 들어가 가슴을 찾아 헤맸다.

이대로 가다간 좋아한다는 말을 온몸으로 쓰고 싶어질 게 뻔했다. 이곳은 자동차 극장이었고 앞과 뒤, 양옆으로 자동차들이 즐비했다.

"선팅이 잘되어 있는 차인가요?"

"차는 흔들릴 거고, 들여다보면 다 보이겠죠."

"그러면 내 가슴을 지켜주세요."

어느새 그녀의 가슴을 꺼내 입에 물고 있었다. 승건은 그녀의 속도를 존중해야 했다. 욕망은 이쯤에서 접는 게 옳았다. 육체가 욕망하는 것은 자연스러운 일이지만 한 사람만의 의욕만으로는 도달할 수 없는 법이다. 육체적 결합은 두 사람이 나란히 미쳐서, 빠져드는 속도마저 같을 때 이루어지는 일인 것은 누구라도 안다.

이로써 이들은 짧은 썸 기간을 거쳐 본격 연애에 접어든 것이 분명해졌다.

좋아할 것이냐 말 것이냐, 좋아해도 될까, 끝이 안 좋으면 어떡하지, 먼저 말 걸어볼까, 차이면 어떡하지, 당장 하루 만나보니 아니라고 할 수도 있는데, 계속 볼 수 있을까 등등 본격 만남에 이르기까지 숱한 질문의 과정이 썸이다. 호감은 품었으되 확신이 없을 때, 탐색하고 계산하고 고군분투하며 망설이는 동안 질문이 쏟아진다.

고백과 키스는 질문을 지우는 가장 성능 좋은 지우개였다. 질문을 지우고 나니 행동이 남았다.

내가 먼저

「잘해줄게요」

. . .

'선 결혼, 후 연애'는 단군 이래 개화기 이전까지 우리 조상들이 가장 많이 선택한 남녀 사이였다. 시대가 그러했고 떠밀린 것이지만 그들은 그 만남을 허투루 쓰지 않았다. 처음 얼굴 보고 인사한 뒤 바로 초야를 치렀다. 그렇게 하기로 하고 올린 혼인의 의미를 착실히 수행했다. 부부는 첫날밤 이후 서로를 취향으로 여기며 서로에게 몰두했고 집중했다. 처음 눈뜬 몸의 언어에 성실했고 사랑과 신뢰를 완성함으로써 종족을 보존했다.

현대로 넘어오면서 남녀 사이는 몸의 원시성을 유지한 채 문화는 원시를 거부했다. 그랬기에 승건은 뛰어넘고자 했던 단계를 밟아야 했다. 도달할 곳에 가기까지 거치는 단계마다 느끼는 설렘은 무늬가 달랐다. 놓치고 싶지 않은 무엇이기도 했다. 매일 같은 하늘이지만 매일 다른 구름을 펼쳐놓듯 사랑이 그랬다. 같은 설렘이지만 전혀 다른 무늬로 가슴에 펼쳐졌다.

"그냥 헤어지기엔 아쉬운데 가볍게 술 한잔할까요?"

"운전은요?"

"난 무알코올, 세연 씨는 알코올. 야식이라고 생각하면 되죠."

세연이 사는 집 근처 이자카야에 자리 잡고 둘은 고즈넉하게 술과 음료를 마셨다. 나란히 앉아 예의 바른 연인이 되어 서로의 잔을 채우고 안주를 챙겼다. 한 손은 테이블 밑에서 손장난을 열심히 했다. 그를 느끼고자 하는 감각기관이 손바닥으로 모여들었다.

"우리의 미스 고는 이름을 바꿨나요?"

"미스 고? 아, 네. 바꿨어요."

면접 보면서 승건이 물었던 고양이의 이름을 뒤늦게 지어주었다. 그러니까 면접 때 들려줬던 대답은 임기응변이었다. 언젠가 주인이 찾아갈 것으로 여겼기에 이름을 지어줄 필요를 느끼지 못했다. 주인은 나타나지 않았고 어영부영하다 보니 고양이는 세연의 반려묘가 되었다.

"명란이에요. 란아, 란아 해요."

"음, 명란이라. 그렇군요."

"애가 명랑해요."

아파트 지하에 주차하고 걸어 나갔던 터라 둘은 나란히 걸었다. 몹시 추운 밤이었다. 입에선 맹렬하게 하얀 김을 뿜어냈지만 열기에 휩싸인 몸은 추위를 느낄 수 없었다.

지하 주차장으로 같이 내려갔다. 그에게 올라갔다 가라고 할까 망설이는 사이 승건은 망설이지 않고 차에 올라 시동을 걸었다.

지하에서 엘리베이터를 탔다가 세연은 12층을 끄고 1층을 눌렀다. 괜스레 그의 자동차가 빠져나간 곳으로 걸었다. 불붙은 마음이 이렇게 쉽게 헤어질 리 없었다. 돌아서는 속도가 이해되지 않았다. 미련과는 별개였다. 주차장 입구의 보도는 차가 빠져나간 흔적도 없이 달빛 창연한 밤하늘 아래 침묵만 묵묵했다. 혹시나 돌아오지 않을까, 어쩌면 미처 떠나지 못한 채 머물러 있지 않을까 했던 기대는 힘없이 스러졌다.

한참을 서 있다가 겨우 발길을 돌려 집으로 올라갔다.

잡아주길 바랐다면 세연이 알아봤어야 했던 것이고 좀 더 밀어붙여 주길 바랐다면 승건이 세심했어야 했다. 같은 감정선 위에 나란히 섰다고 해서 다 알아차릴 수는 없는 법이다. 누구나 사랑하게 되면 기대를 품는다. 바라는 것이 생기고 준 마음보다 더 많이 받길 바란다. 내 사랑이 기울었다고 생각되면 불안하고 기대하는 것이 오지 않으면 서운하다.

"세연 씨, 난 많은 걸 주고 싶었어요. 조금만 더 기반이 단단해지면 시작하려고, 그렇게 기다렸는데 이별의 이유들만 단단하게 구축했더라고요."

희란이 했던 후회는 세연의 것이기도 했다. 하여 세연은 이 사랑에 있어선 능동적인 자세를 갖기로 했다.

그에게 잘해주고 싶은 마음이 그가 잘해주길 바라는 마음보다 우세했다. 어떤 게 잘해주는 건지 아직 분명하지 않았다. 그를 잡아세워 집으로 올라가 따뜻한 차 한 잔을 내놓는 척, 따뜻한 몸을 건

넀다면 어땠을지 가정해 본다. 떠나는 그를 아쉬워하기 전에 잡지 않은 제 손을 먼저 들여다본다. 그제야 세연은 그녀를 두고 떠난 승건의 무거운 발걸음을 알아차렸다.

누가 더 많이 사랑할 것이냐로 탐색이 끝났다면 움직였어야 했다. 기대하는 대신 그의 기대를 충족시켜 줄 수도 있었다. 집으로 올라가면서 세연은 사랑이 가져야 할 태도에 젠더 구분이야말로 어리석은 포지션임을 깨달았다. 깨달음은 다짐으로 이어졌다.

잘해주길 바라는 사람보다 잘해주는 사람이 될 거라고. 먼저 손 내미는 사람이 될 거라고.

때로는 다른, 호감의 언어들

「낫기나 하세요」

·
·
·

　오래도록 밤공기와 어깨동무하여 서 있었던 게 문제였을까? 다음 날 아침에 일어났을 때 세연은 미열과 밭은기침에 시달렸다. 제일 먼저 안전 안내 문자 링크를 따라 들어가 확진자 동선을 살폈다. 조금 늦을 거라고 팀장에게 보고한 뒤 동네 병원으로 갔다. 코로나 19 확진자 동선과 겹치는 곳 없이 감기에 걸린 데다 이유도 분명하기에 검사소로 가진 않았다.

　"강세연 씨, 대표님 호출이요."

　세연은 잠시 전 승건에게서 문자를 받았기에 어떤 핑계로 올라갈까, 고민 중이었다.

　"펄프 포장 하는 거, 디자인 보완한 거 갖고 올라가세요."

　"네, 알겠습니다."

　디자인 팀장의 지시에 세연은 당당하게 일어섰다. 2층에서 4층까지 올라오는 데 보름이 걸렸다. 연말에 공식적으로 이루어진 개별 면담을 빼면 사실상 출근한 이후 처음이었다.

대표실은 4층 제품개발실 맞은편에 있었다. 제품 전시관을 겸한 미팅 룸을 지나 안쪽에 비서 없이 혼자 쓰는 사무실이 있었다.

"부르셨습니까?"

노크 후에 대표실로 들어가자 승건은 사무실 문고리를 잠그고 세연을 품에 안았다.

"하루 쉬지 왜 출근했어요?"

"펄프 포장 사이즈하고 디자인이 충돌해서요."

"내일 해도 되죠. 밥은요? 아, 약은요?"

"저 코로나면 어떡하려고 안으세요? 여기 회사예요."

대표가 쓰는 커다란 책상엔 컴퓨터가 꽉 들어차 있었다. 사이트별 제품 주문 현황판이 컴퓨터 석 대의 화면에 수시로 업데이트되면서 그에게 보고되고 있었다.

그는 전자 결재 한 뒤 재빨리 돌아와 마스크를 내렸다.

"망설이기 전에 올라가든가, 헤어질 걸 그랬나 봐요."

"감기 옮아요."

"내가 가져 오고 싶네요."

그의 손이 마스크를 내리더니 입술을 겹치곤 조심스레 혀를 밀어 넣었다.

"디자인은요?"

"핑계인 거 알면서. 점심 같이 먹어요. 맛있는 거 사줄게."

어제 승건은 그녀의 집으로 올라가고 싶었다. 한낮에 잘 정비된 마음은 어둠 속에 서면 빠른 속도로 무너지면서 끓어넘치곤 했다. 살냄새가 그리웠다. 잠들어 있던 생식기는 깨어났고 흔들고 싶은 마음은 가눌 수 없었다. 혼자 돌아와 끈적거리는 존재를 씻어내고서야 겨우 헐떡이는 호흡을 재웠다. 허락받아야 하는 성욕을 내리눌렀다.

승건은 그녀가 원하는 방향으로 사랑의 길을 만들고 싶었다. 어둠에 윤기가 흐르길 바랐다. 다신 혼자가 되고 싶지 않았다. 돌아서는 마음은 더없이 쓸쓸하고 외로웠으나 다시 올 수 있는 길이기에 차를 출발할 수 있었다.

집에 도착했을 때 외로움은 예고 없이 쳐들어왔다. 외롭다는 건 부재를 확인하는 데서 출발한다. 그렇다고 해서 텅 빈 집 혹은 아내가 빠져나간 삶이 외로운 게 아니었다. 맹목적인 충동처럼 곁에 누군가를 눕히고 싶은 욕망이 외로웠다. 그러니까 승건이 느낀 외로움은 사람의 부재가 아니라 구체적인 조바심에서 기인한 것이었다. 사랑을 두고 돌아선 마음보다 큰 외로움은 근래에 없었던 듯했다.

안고 싶은 마음, 헤어지기 싫은 마음, 함께 있고 싶은 마음은 외로움을 키운다.

디자인 팀 직원들은 마스크를 조금 더 안전하게 고쳐 쓰고는 세연과 거리를 벌렸다.

"어쩌자고 감기에 걸리는 거예요? 검사는요?"

"확진자 동선과 겹친 곳 하나 없고요, 단순 감기입니다. 심려 끼쳐 미안합니다."

"맨입으로?"

"약 기운 돌아서 열 조금 내려가면 유자차 쏘겠습니다."

밀린 일을 해야겠기에 의자를 당겨 앉는데 책상에 레몬차가 놓였다. 올려다보니 의외의 사람이었다. 민평제는 심통이 잔뜩 난 얼굴로 레몬차를 내려놓고는 세연과 거리를 벌릴 생각 없이 그녀 앞에 주섬주섬 프로폴리스 사탕까지 내려놓았다.

"거, 왜 아프고 그러지?"

"고마워요. 잘 먹을게요."

"낫기나 해요."

"어머, 부팀장님 츤데레!"

"시끄러워요. 일이나 해요. 에이, 진짜! 얼른 물어요."

세연이 기침하자 평제는 돌아서다 말고 세연에게 프로폴리스를 까서 내밀었다. 낫기나 하고, 일이나 하라는, 제한된 조건 안에서 최선에 도달하라는 말에서 그의 마음이 느껴졌다.

하루 세 번, 동기 사랑을 부르짖으며 내려오던 입사 동기는 세연이 감기 걸렸다는 말에 냉큼 위로 올라갔다. 그는 호감도, 비호감도 아닌 그저 감정의 그네 위에서 놀았던 것이 분명해졌다. 훗날 세연의 선택으로 인해 그가 상처받을 것을 염려했던 마음을 가뿐히 내려놓았다.

민평제가 세연을 두고 어떤 마음을 품었는지 분명해졌다.

콜록거리는 기침 소리를 걱정하는 건 호감이 있다는 뜻이었다. 옮을까 봐 경계하거나 듣기 싫어하면 비호감 혹은 무호감인 게 뻔했다. 약한 틈을 비집고 들어오는 건 호감이 받아들여져 환심이 되길 바란 처사였다. 이처럼 남녀 사이, 사람 사이에 호감과 비호감의 경계는 비교적 명확하다.

감기 가져가겠다고 프렌치 키스를 감행한 사람이 있으니 민평제가 이길 일은 없겠지만.

이왕이면 긍정

「안 돼요」 ✳ 「돼요」

. .
.

초등학교 운동장에선 매일 고무줄이 끊어졌다. 어린 소년들은 좋아하는 마음을 괴롭히는 것으로 표현했다. 나 좀 봐달라고. 민평제가 그랬다. 세연은 그가 상처받을 게 신경 쓰였다. 이미 마음 가득히 누군가를 들여놓은 터라 그가 건네는 친절이 동료애 이상으로 느껴지지 않았다. 지난날 부렸던 심술에 대한 반성문 이상으로 느껴지지 않았다.

내가 호감을 느낀 사람이 나에게 마음을 표현할 때는 '설렘'이라는 긍정 반응이 나오지만, 비호감이었던 사람이 호감을 드러내며 다가오려고 하면 거부하고 싶은 마음부터 우러나온다.

말해야 하나? 그만두라고. 거기서 멈추라고.

심증은 확신했으나 어떤 말도 하지 않은 그였기에 말하는 게 어불성설처럼 느껴졌다. 좋아하느냐고 묻고, 그러지 말라고 들려줘야 하나? 인간관계, 특히 남녀 사이엔 숫자로 떨어지는 수학적 공식이 없으니 무엇도 정답이면서 무엇도 정답이 아니었다. 세연은 마음이 조금씩 더 불편해져 갔다. 프로폴리스를 입에 물었으나 한없이 썼다. 레몬차는 차갑게 식도록 한 모금도 넘길 수 없었다.

　사랑을 염두에 둔 호감은 심증과 확신 사이에서 질문하며 줄타기한다. 그러다 자신이 느끼는 호감에 확신이 생기면 움직인다. 멀어지거나 다가서거나. 세연은 다가서서 위로한 뒤 물러서고 싶었다. 심술궂던 지난날을 빌미로 그의 마음이 오는 길을 막고 싶었다. 그걸 알아차렸는지 민평제는 하소연하듯 신경질적으로 물었다.
　"그냥 좀 마시면 안 돼요?"
　"쿨럭."
　"모른 척 편하게 넘어가면 안 되냐고. 응?"
　"모른 척하기 싫은데요."
　"에이 씹……."
　그는 상처받은 얼굴로 멀어졌다. 대거리하듯 묻지 말고 조금 친절하게 하소연했으면 좋았을까? 그냥 편하게 마셔줘요, 라거나 모른 척 편하게 넘어가 달라고. 그랬다면 모른 척, 차 한 모금은 넘겼을까? 민평제가 '안 돼요?' 어미를 사용했을 때 그녀의 어미를 교정하던 목소리가 떠올랐다.
　"언니, 커피 한 잔만 주면 안 돼요?"
　"네, 안 돼요. 커피 한 잔만 줄래요? 그렇게 물으면 예뻐서 줄 거고요."
　"나하고 수다 한 시간만 더 떨어줄 수 있어요?"

"물론 가능해요."

'게임 조금만 더 하면 안 돼요?'를 '게임 삼십 분만 더 해도 돼
요?'로 바꾸고, '애니메이션 재미있는데 이것만 보고 자면 안 돼
요?'를 '이십 분 남았어요. 이것만 보고 자게 해주세요.'로 바꾸었
다. 조카들은 "왜요?"에 이어 "해도 돼요?"로 언어 습관을 바꾼 뒤
주도적으로 사고하기 시작했다. 조르고 억지를 부리는 대신 협상
하고 거래하는 것에 눈떴다. 부탁하는 방법을 깨우쳤다. 희란에게
서 배운 언어 습관을 조카들에게 고스란히 물려준 뒤 세연은 조카
들의 변화를 즐겁게 바라봤다. 부정보단 긍정 표현을 많이 쓰며 사
는 게 좋지 않겠는가.

때론 침묵이 가장 좋은 위로가 된다
「모르는 척」

.
.
.

식은 레몬차만 덩그러니 놓인 책상 위로 1월이 지나가고 있었다.

어떤 사람은 무념하게 떠오르고 어떤 사람은 불시에 떠올라 웃음 짓게 한다. 어떤 사람은 잘 살겠지, 소회에 젖기도 하고 어떤 사람은 냉큼 떠오른 생각조차 지우기도 한다.

1월, 한겨울을 떠올리는 사람은 꼭 한 명이었다. 명희란. 그녀는 어떤 겨울보다 추운 기억이었다. 기억이라기엔 몹시 그리운 추억이었다. 단순히 떠올린 게 아니라 떠올려 그리워하고 있으니, 희란은 추억의 대상이고 희란과 나누었던 시간은 추억이 분명했다.

기억은 기억하는 행위로 그치고 말지만, 추억은 그리움에 동력이 되어 곱씹고 되짚게 한다. 그러고 보니 그리워하고 있었다. 세연은 희란을. 내내.

묻지 못했던 지난날이 다시금 머릿속에 부상했다.

'오투 오션' 회사에 취업하기 직전, 면접을 망치고 들어온 날을

떠올렸다. 울적하게 돌아와 현관 비밀번호를 누르는데 위층이 소
란스러웠다. 엘리베이터 하나를 독점하여 이삿짐을 실어 나르던
집이 윗집인 것을 알고 나자 자연스레 계단을 올라갔다.

윗집 현관은 활짝 열려 있었다. 안을 들여다보니 짐을 정리하고
내가는 인부들 사이로 노부부가 눈에 띄었다.

"무슨 일이에요?"

"아래층 사람인데요, 이사 가나요?"

"네."

"고양이는요?"

"조금 전까지 보였는데, 어디 있겠죠. 있을 겁니다."

"네. 저기, 어디로 가세요?"

노부부는 슬픔에 잠긴 얼굴로 대답을 회피했다. 인부가 정리하
는 짐을 향해 걸어감으로써 세연에게 등을 보였다. 그것으로 세연
은 대답을 들은 것이 되었다.

'좀 더 내밀하게 물었어야 했나?'

'국화꽃 한 송이 놓고 싶으니 알려달라고 하든가, 언제 떠났느
냐고 묻든가.'

고통스러운 현실을 환기할 수 없으니 질문을 삼켰다.

주거 공간으로 맺어진 인연은 허약하게 마련이니 그저 단순한
호기심 정도로 치부했을 것이다. 지친 눈길이 무심하게 건너왔다
가 이를 거두어가는 게 그랬다. 언니, 동생으로 지냈다고 알렸다면

조금 더 자세하게 들을 수 있었을지도 모르겠다.

떠난 사람을 기억하는 것은 남겨진 사람 몫이기에 세연은 더 깊이 묻지 못했다. 허망하게 나르는 이삿짐이 유독 쓸쓸해 보였다. 그 힘겨운 노부모에게 세연이라는 인연 하나를 더 실어 나가게 하는 게 내키지 않았다. 부모님이 지고 나가야 할 짐은 넘치게 무거워 보였다.

희란은 그곳에 무사히 도착하여 안식하고 있을까?

선부른 위로는 참견일 때가 있다.

아는 척, 아닌 척, 무심하게 툭, 위로의 말 한마디를 남기는 대신 세연은 고개를 숙이고 돌아 나왔다. 아무런 말도 하지 않을 때 더 큰 위로가 됐던 경험을 세연은 갖고 있다. 흘러가도록 침묵해 주는 것, 말없이 등 한 번 두드려주는 것, 알려고 하지 않은 채 화두를 바꾸는 것, 일련의 것들이 훨씬 더 큰 위로가 될 때가 있다.

세상엔 궁금해도 묻지 말아야 할 말이 꽤 많았다.

자신을 향한 손가락질

「미움의 언어」

.
.
.

집에 돌아와 세연은 고양이를 챙겼다. 아파서 쉬고 싶다는 것은 핑계였고 고양이가 보고 싶었다.

까마득한 낭떠러지로 떨어졌던 기억이 피투성이로 기어 올라왔다. 몹시 당황했고 심장이 거세게 뛰었다.

희란의 집에 올라가면 낯선 방문자를 경계하느라 안방에 고치를 틀던 그 고양이가 안쓰러웠다. 자처한 소외가 마음에 밟혀 세연은 희란에게 내려오라고 했다. 이후로 자연스레 그녀들은 세연의 거실에 마주 앉았다.

사료와 간식을 챙기고 물을 놓아주면서 세연은 명란에게로 머뭇머뭇 손을 뻗었다.

"까맣게 몰랐어. 너 왜 말 안 했어?"

남겨진 존재들끼리 만나서 부딪고 살고 있었음을 알지 못했다. 이름을 지으면서 희란을 떠올리지도 않은 채 명란이라고 지었다. 세연의 어딘가에 명희란, 세 글자와 고양이를 불가분의 관계로 이어놓은 모양이었다.

괜한 눈물 바람으로 내려다보고 있는데 엄마에게서 전화가 들어왔다.

"어, 엄마."

"무슨 일이야? 너 우니?"

"윗집 살던 언니 있잖아."

"응."

"그 언니가 보고 싶어서 혼자 두서없이 명란이 붙들고 씨름하던 중이었거든. 보고 싶네."

"보러 가."

이사 갔다는 말로 갈음했던 소식이었다. 그러니 엄마가 알 턱이 없지.

"어디로 간다는 말도 없이 떠난 사람 뭐 하러 수소문까지 해? 그냥 두는 게 낫지."

"그럼 연애를 해."

"이 나이에 연애하는 건 결혼하겠다는 거야. 그거 싫어."

"넌 어떻게 나보다 촌스럽니? 연애의 목적이 어떻게 결혼이야? 연애만 해. 결혼은 연애하면서 결정해도 안 늦어."

"끝을 보기 싫은 의지야. 계산적인 거지."

"그럼 아무도 그리워하지 말고, 외로워하지도 마. 자격 없어."

"윗집 언니 보고 싶다는 말에 너무 멀리 간다. 엄마 늙냐?"

"아유, 지겨워. 김치 얼마나 있냐고 물으려고 전화했다가 마음만 상하네. 끊어!"

전화를 끊은 건 엄마인데 까만 무소식 밖으로 끊은 건 희란인 것만 같았다. 마음을 조금씩 내주면서 친해지는 순간마다 희란이 말하던 '미안해요.' 네 글자가 사무쳤다.

기다림마저 제거된 이별이 가슴 아팠다. 그리움이 이렇게 기승인 밤엔 혼자 견디기 힘들었다. 몹시 괴로우니 아팠다. 아픔에 통증이 실려 괴로우니 슬펐다.

아픔인들, 슬픔인들 뭐가 그리 중요하겠는가.

희란은 이제 세연 곁에 머물지 않고 돌아오지도 않을 것이다. 아픔과 슬픔이 범벅되고 고통과 통증이 범벅되고 추억하고 기억하면서 그리워하는 마음이 몸집을 불려갔다. 유독 밤이 긴 날이었다.

이런 밤이면 세연은 자신을 이곳으로 내몬 시절을 떠올렸다. 디자인을 훔쳤던 직속상관, 대기업에서 나오자 기다린 듯 이별을 통보한 두 번째 사랑이자 첫 남자, 중견기업에서 만났다가 세연이 대기업에 다녔다는 사실을 알고는 자격지심이라는 칼을 빼 들고 번번이 시비를 걸어왔던 세 번째 사랑. 그들이 자신을 버렸거나 떠나갔기에 외로움에 도착한 거라고 우겼다.

그들과 보냈던 시간이 완벽하게 망가졌다는 걸 알아차렸을 때 세연은 서른에 이르렀다.

같은 만남이었고 같은 이별 앞에 섰건만 슬픔은 평등하지 않았다. 외로움은 한여름에도 어깨를 시리게 했다. 그럴 때마다 억울한 마음으로 그들을 차례로 소환하여 삿대질했다. 미워하는 힘은 안

간힘을 쓰지 않아도 저절로 온 힘을 쓰게 했다.

　마음은 저울로 잴 수 있는 유형의 성질이 아니다. 그걸 재고 싶어 했다. 더 많이 사랑하는 걸까 봐 전전긍긍했다. 기민하게 살피고 귀를 쫑긋 세웠다. 제 마음의 빗장은 여민 채였다.
　그래 놓고 떠난 그들을 미워하고 싫어하고 혐오하다가 증오하기에 이르렀을 때 가장 큰 증오가 망각임을 깨달았다.
　그런데도 잊어주기 싫었다.
　"그래 봤자 너만 병들어. 넌 그렇게 당하고도 깨닫는 게 없니?"
　"왜 깨달아야 하는데? 내 마음도 내 마음대로 못 해?"
　"이기지도 못할 싸움을 한 바람에 그 좋은 직장 잃고 말이야."
　"디자인 뺏는 게 좋은 직장이야?"
　사물의 본질이나 이치를 알게 되는 건 무지로부터 탈피하는 일이 된다. 그건 철학자나 명상가가 하면 된다. 세연은 아프면 아파했고 신경질이 나면 신경질을 냈다. 분노해야 할 일에 참지 않았고 권선징악이 이루어지지 않을 게 뻔한 일인 줄 알았지만, 마지막 순간까지 혹시나 하며 바랐다.
　미워하고 원망할수록 마음이 병들고 있는 걸 알았으나 모든 건 파도와 같아서 어느 순간엔 다시 밀려갈 것을 알았다.
　세연이 깨닫는 건 그런 류였다. 어느 지점에선가 끝날 것을 아는 것.
　그렇기에 참아야 하고 인내해야 하고 힘의 논리로 조작되는 권선징악이 있다는 것만큼은 깨닫기 싫었다. 용서하고 참아주고 잊

어주기 싫었다. 그녀의 무관심으로 그들의 삶이 무사하고 평온해
지는 걸 저어했다.

미움은 뜻대로 이루어지지 않은 것에 대한 복수적 감정이며 정
의가 이루어지지 않은 것에 대한 병적인 집착인 걸 알아차렸을 때
세연은 자신이 얼마나 하찮은 짓에 매달렸는지 깨달았다. 결국 가
장 미운 건 그녀 자신이었다. 누군가를 손가락질할 때 최소한 세 개
의 손가락은 자신을 향해 있다. 미움을 끌어안은 세월만큼 그녀는
불행했다.

미움이 기승이어야 할 밤에 그리움이 기승이었다. 승건이 몹시
보고 싶었다. 언제나 먼저 다가오길 기다렸고 세연을 흔들면서 그
사랑에 책임져 주길 바랐다. 그 마음을 알아챘기에 떠난 것이리라.
그들에게 세연의 마음을 책임져 달라고 했던 것이 얼마나 미숙한
일이었는지를 이젠 안다.

세연은 그를 보고 싶어 하는 마음을 스스로 책임지고 싶었다. 스
마트폰을 들었다.

상대적으로 흐르는 시간

「느리다」 * 「늦다」

．．
．

늦은 밤, 외롭다는 문자에 승건은 달려오는 대신 그녀에게 오겠느냐고 물었다.

"가도 돼요?"

"택시 타고 와요. 갈 땐 내가 책임질게요."

승건은 동네 한 바퀴 돌면서 길냥이 밥을 주고 있다고 했다. 세연이 도착할 때쯤 일이 끝날 테니 오는 게 시간을 절약하는 길이 아니겠느냐고, 1분이라도 더 일찍 만날 수 있는 방법을 제안했다. 초조한 마음으로 기다릴 때의 1분은 하루와 맞먹을 만큼 길었다. 그걸 승건은 알아차렸다. 누가 움직이고, 누가 기다리고는 중요하지 않았다.

"좋아요. 갈게요. 만약 온다고 했으면 지각도 아닌데 늦게 오는 것 같았을 거예요."

"내가 생각이 느리진 않거든요."

"빠르세요. 늦은 게 아니라."

"아니, 느리지 않은 거요."

그렇다.

움직임이나 속도가 더딘 것, 그건 느린 것이다. 결정할 때 속도는 '빠르다', '느리다'이고, 약속한 시각에 이르지 못하고 누군가를 기다리게 하는 건 늦는 것이다.

승건은 세연이 놓친 것을 적확하게 되짚었다. 웃는 목소리로 넘어오는 '느리지 않은 거'라는 승건의 목소리가 세연의 심장에 부드럽게 휘감겼다. 보고 싶을 땐 누가 움직이고, 누가 기다리고는 중요하지 않았다.

세연은 코트를 집어 들고 택시 어플로 들어가 택시를 호출한 뒤 밖으로 내려갔다.

운동복 차림으로 문을 열어주는 승건의 머리에선 물이 뚝뚝 떨어지고 있었다. 양복 정장 차림만 보다가 평상복도 아닌 운동복 차림을 보는 건 장대높이뛰기만큼이나 파격적인 점프였다. 낯설고 생경하여 현관에서 머뭇거리자 그가 얼른 몸을 틀어 중문을 턱짓했다.

"들어와요. 서둘렀더니 시간이 맞았네요."

캣대다라던 그의 말과 달리 반려묘가 있는 집 같지 않았다. 벨소리에 고양이 두 마리가 서재로 숨어 들어갔다고 했다.

"생존 터전을 빼앗은 것 같아서 미안하네요."

"머리 말리고 나올게요. 차 마셔요. 벨 소리에 물 부은 거예요."

어색한 마음을 감춰 차를 반쯤 비웠을 때 그가 거실로 나왔다.

옆에 와 앉는 그의 몸은 모른 척할 수 없었다. 그는 발기한 몸을 가리느라 다리를 꼬아 무릎을 세웠다. 제 몸의 변화보다 세연이 자신을 무슨 연유로 보고자 했는지 마음을 듣고자 했다.

다들 하고 사는 것. 사랑, 연민, 긍정, 섹스 그런 것들.

승건과 세연은 서로 마음을 내보인 뒤 그것에 이르기까지 보름도 걸리지 않았다. 창조한 것이 아니라 그들 앞을 지나가고 있는 무정형의 형태를 알아채고 잡은 것이다. 아직 제대로 빚진 못했어도 사랑 비슷한 감정은 분명했다. 이런 사이가 향유하고 싶어 하는 것에 섹스가 빠져선 안 되는 것이 아닌가. 질문과 함께 자연스레 손을 잡았다.

"보고 싶었어요. 미치도록."

"잘 왔어요."

"두 시간 전에 헤어졌는데 이십 년 전에 헤어진 것처럼 아득해지는 거예요."

"울었어요?"

"아주 조금요."

승건은 그녀를 침실로 이끌고는 바로 끌어안았다. 이성은 휘발되고 욕망만 남는 공간에 들어섰으니 할 일을 해야 했다. 급한 손놀림으로 서로의 옷을 벗기고 알몸으로 마주했다. 가릴 것 하나 없이 제 앞에 선 그녀는 경이로웠다. 승건은 공들여 전희함으로써 세연이 사랑받고 있음을 알게 하고 싶었다.

승건이 상상했던 것보다 그녀는 훨씬 더 자신과 맞는 몸을 갖고 있었다. 자연히 격정적으로 리듬을 탔다. 몇 번이고 뒤섞으며 그녀의 흰 목에 깊게 입술을 묻었다. 기어이 한 몸으로 고요의 새벽에 이르렀다. 더는 못 한다고, 그녀가 됐다고 할 때 그 역시 마지막으로 사정하며 도착 지점에 닿았다.

모든 움직임이 가라앉고 몸마저 가라앉았을 때 그는 쿡, 웃음을 흘렸다. 어쩐지 이 사랑으론 슬프지 않을 자신이 생겼다. 지친 그녀를 안아 함께 샤워하며 끈적하게 맺힌 땀을 씻어주었다. 품에 당겨 안고는 머리카락 속으로 손을 넣었다.

세연을 기다리면서 긴장했던 마음이 풀어지면서 졸음이 쏟아졌다.

"이제 자자. 아무것도 입지 말고 이대로, 둘이…… 자자."

승건은 그녀를 토닥이면서 자신이 잠들었다.

사랑이 안전할 것을 믿은 건 세연이 건네주었기 때문이다. 집중하고 있다가 놓치지 않고 받아든 덕분이다. 사랑한 적은 많았지만, 사랑에 빠진 적은 없었던 것 같다. 눈 감은 채 색색거리며 잠을 청하고 있는 그녀를 보자니 그 생각은 힘을 얻었다.

운명은 앞에서 날아오는 돌이고 숙명은 뒤에서 날아오는 돌이라고 했다. 도저히 피할 수 없는 불가항력의 마음을 이제야 이해할 수 있게 되었다. 주동이나 능동보다 사동이나 피동이 훨씬 더 강력한 표현이 되는 걸 안다는 건 행운이었다. 적어도 사랑에 있어선 말이다.

'사랑한다'에서 빠져나와 '사랑에 빠진' 채 승건은 밤새 그녀의 꿈속을 노닐었다.

뒤척이다가 옆에 누군가 있는 감촉에 세연은 화들짝 놀라서 일어나 앉았다. 승건이 마치 말 잘 듣는 아이의 얼굴을 하고 잠들어 있었다. 한 번도 보지 못한 얼굴이었다. 선한 눈에 고집 센 턱은 사라지고 희미하게 입꼬리가 올라간 얼굴은 매사 긍정적인 사람으로 보였다.

아, 이 사람 얼굴은 이렇구나.

감탄을 섞어 한참을 물끄러미 바라보았다. 얼굴에 책임지고 사는 사람을 보는 건 기분 좋은 일이었다.

아, 난 이 사람이 너무 좋아. 중얼거리고 보니 정말 좋았다.

팔을 빼내 그의 품으로 파고 들어가 두어 시간, 잠을 보태느라 눈을 감았다.

긴장과 휴식. 병존할 수 없는 감정이 매우 자연스레 세연의 마음에 들어찼다. 세연은 팔을 둘러 그의 등에 손바닥을 올렸다. 간격을 좁히는 것이야말로 가슴을 따뜻하게 덥히는 데 제격이었다.

'자랑하고 싶어.'라고 속으로 읊조리는 순간 새로 사귄 남자 친구를 소개하고 싶은 사람이 세상에 없다는 걸 깨달았다. 절대로 모여 앉지 못할 세 사람. 문장이 헐거워 보였다.

눈부시도록 반짝이고 따사로운 너에게

「햇살」 ＊ 「햇빛」 ＊ 「햇볕」

．
．
．

욜로(You Only Live Once)의 시대이다. 불확실한 미래를 대비하기보다 오늘의 행복에 집중하는 선택을 권하는 시대인 것이다. 워라밸(Work and Life Balance)을 주장하는 시대이기도 하다. 학생들에겐 스라밸(Study and Life Balance)도 중요하다. 대단히 가치 있는 무언가를 좇기보다 소확행(소소하면서도 확실한 행복)을 추구하기도 한다. 가진 돈과 생활의 균형을 주장하는 머라밸(Money and Life Balance) 시대로까지 확장되었다. 성공 지상주의에서 탈피한 합리적 사고방식이 아닐 수 없다.

시대를 들여다보니 내일 행복하기 위해 오늘을 희생했던 사람이 떠올랐다.

"시대는 알아서 가라고 하고 나는 나대로 살았거든."

희란은 구절구절 후회했다. 세연은 그녀에게 오늘 자신이 한 일을 말하고 싶었다.

내일도 살아남을 거라는 확신은 아무도 할 수 없다. 오늘 행복할 것. 오늘 사랑할 것. 그 생각 끝에 세연은 잠든 그의 눈두덩이에 입 맞추고 나직하게 속삭였다.

"사랑해요."

"나도요. 사랑해요."

"깨웠어요?"

"천둥 치는 바람에요."

"어? 비 안 오는데."

"고백이요. 내가 하고 싶었던 말이거든."

승건은 제 팔을 베고 누운 세연을 조금 더 세게 당겨 안고는 볼을 쓰다듬었다.

"오늘은 비가 와도 햇살 따사로운 날이 될 거예요."

"햇볕이 뜨거워도 따뜻한 봄날로 느끼고요?"

"햇빛이 저물어도 환할 거라는 것도 장담해요."

승건은 고개 숙여 입 맞추는 것으로 대답을 대신했다.

햇살은 광선이다. 따가운 여름 햇살, 따사로운 봄 햇살 같은 말로 쓴다. 볕은 해가 내리쬐는 뜨거운 기운을 말한다. 빛은 말 그대로 빛이다.

햇살엔 빨래를 말릴 수 없고, 볕은 눈부시다고 말하지 않는다. 빛에는 그을릴 수 없다.

함께 눈 뜬 따사로운 아침, 승건이 내려다보는 눈길에 사랑이 흥건했다.

말을 멈춰야 할 때

「'때'라는 것이 있어」

.
.
.

부팀장 민평제는 점점 노골적으로 그녀에게 다가왔다. 아닌 것을 알면서도 세연이 커피를 마시려 휴게실로 갈 때마다 우연을 가장하여 앞에 앉았다.

"적당히 하시죠."

"남자 없잖아."

"있습니다. 없어도 넌 아니라고 했고요."

"대표님이냐? 이혼남? 거기다 내년이면 사십?"

"멈춰야 할 때를 지나치셨네. 지금이라도 멈추시죠."

때라는 게 있다. 삶의 주기율과 달리 반드시 지켜야 하는 것. 가치관에서 비롯되는 것이 아닌 삶의 시간표로 놓쳐선 안 되는 것.

멈춰야 할 때, 다가서야 할 때, 웃어야 할 때, 울어야 할 때, 밥 먹어야 할 때, 잠자야 할 때. 때마다 밤이 가고 아침이 오고 봄이 오고 여름이 왔다. 때를 맞춘다는 건 삶의 순간이나 부분을 놓치지 않는다는 말과 같다.

"그…… 때가 나와서 하는 말인데, 육체도 때가 있거든. 남자는 사십 넘으면 못 해. 그거 못 하는 연애는 아니지 않냐?"

"넌 잘해도 내가 싫습니다만?"

"하, 이거 진짜 개 상 또라이! 이혼남이랑 뭐 하자는 거냐?"

"약점이라고 생각하지도 않지만 네 기준엔 약점인 모양인데, 대표님이 결혼도 해보고 이혼도 해볼 동안 넌 뭐 해봤습니까?"

세연은 왜 부팀장을 그토록 싫어했는지 이제야 분명히 알게 되었다.

비정규직을 향한 모멸, 나이에 대한 무시를 저변에 깔았던 건 부팀장이 디자인 전공자가 아닌 것에 있었다. 디자인 선택에 있어 소비자의 안목으로 디자이너들과 팀장 사이를 잘 조율하는 행정적 능력을 인정받아 부팀장까지 오른 경우였다. 자기 잘하는 걸 모른 채 남들이 잘하는 걸 자신도 잘하고 싶어 하니 원래 갖고 있던 장점까지 무너졌다.

자신의 핸디캡을 타인의 핸디캡과 등가에 놓고 세연과 평등한 위치를 만들었다고 믿은 것은 잘못된 것이다. 그의 낮은 자존감이 그를 매력 없는 사람으로 만들었다는 걸 정작 민평제만이 모르는 듯했다.

사람과 사람이 만나는 데 왜 학벌과 나이, 직장이 조건이 되어야 하는지 모르겠다고 말하면 세연이 우스워지긴 할 것이다. 이 사회가 그렇게 조장했고 뿌리 깊게 내린 가치관이 그러했다. 교과서적인 대답이 될는지 모르겠으나 세연은 그런 것을 별로 염두에 둔 적이 없었다. 앞에서도 말했다시피 생존의 외상이 깊지 않아서였다.

　자신의 핸디캡을 타인의 핸디캡과 병치함으로써 극복되었다고 믿는 건 어리석은 짓이다. 사람과 사람이 평등해지는 건 나란히 마주 보는 것이다. 한 사람을 끌어내림으로써 자신의 위치가 높아졌다고 믿는 민평제의 태도야말로 저급한 것이고 자존감이 바닥인 것을 증명하는 짓이다. 그러니 부탁한다. 부디 당신부터 사랑하시라.

　도덕과 윤리는 타인에게 예절 바르고 친절한 사람이 되라고 가르친다. 배려하는 사람이 되라고 가르친다. 도덕과 윤리는 타인을 놓고 생각한다. 이타적인 그 기준이야말로 도덕이자 윤리라고 믿는 듯했다.

　세연은 자신에게 예절 바르고 친절한 사람이 되고 싶었다. 자신을 우선 배려하고 싶었다. 자신을 돌보지 않으면서 대체 누구에게 예절 바르고 친절할 것인가.

　스스로 돌보는 일은 자신이 가진 핸디캡을 내려놓는 일이다. 완벽한 인간이 없듯 핸디캡만 있는 인간도 없다. 세연은 자신의 장점을 먼저 부각하는 일에 몰두하라고 민평제에게 충고하고 싶었다.

　자기 자신에게 예의를 갖춘 사람이 되는 건 근사하다.

내로남불의 또 다른 버전

「독설」 ＊ 「사이다」

.
.
.

독설과 사이다를 구분하는 확실한 단어는 내로남불이다. 나에게 하면 독설, 남에게 하면 사이다가 된다. 인간은 이렇게나 이기적이다. 세연은 자신이 이기적인 사람이라는 것을 인정할 수밖에 없었다.

"아, 이혼도 경력이 되는 걸 몰랐네요."

"부팀장님, 짝사랑 처음 해보죠?"

"질 떨어지게 무슨 짝사랑?"

"오늘의 이 일이 부끄러워서 부팀장님, 언젠가 혼자 이불킥하는 날이 올 거예요. 아직 만나지 못한 누군가에게 오늘 일이 미안해지기도 할 거고요. 그러니 다가올 사랑을 위해서 품위를 지켜요."

세연은 진심으로 충고했다. 민평제는 좋아하지 않는 사람이고 부담스러운 존재인 건 확실했으나 나쁜 사람은 아니었다. 민평제는 짝사랑에 빠졌고 그 마음을 어떻게든 보상받고 싶어 했다. 서른다섯 살 먹은 사내가 짝사랑을 어떻게 하는지 몰라 전전긍긍하는 것이다. 적확하게 말하자면 짝사랑이라는 오해로 세연을 한번 툭, 건드려보고 싶은 것이다. 세연의 어디가 그를 자극했는지는 모르겠다.

"나 짝사랑 아니고! 멀쩡한 여자가 이혼남 만나는 거 걱정해 주는 거예요. 소파 승진으로 정규직 되는 거 쪽팔리잖아."

"부팀장님은 귀가 하나밖에 없나 봐요."

"어렵게 말한다. 뭐가 그렇게 잘나서!"

"귀가 두 개라면 한 귀로 듣고 한 귀로 흘렸겠죠. 혹은 양쪽 말 다 들어서 실수를 덜 하거나. 나쁜 말 수집하는 귀만 열려 있으니 부팀장님 장점에 대해 말하는 사람들 얘기는 하나도 못 듣고 스스로 깎아내리는 짓만 하는 거 아니냐, 묻는 거잖아요."

"봐줬으면 하는 사람이 장점을 안 봐주는데 그 장점이 쓸모 있냐?"

"개발해 봐."

"어? 대표님."

승건은 언제부터 듣고 있었는지 얼굴이 약간 붉었다. 화가 났다는 뜻이었다.

"내가 민 부팀한테 내린 동아줄이 썩을 것 같군."

"네?"

"네 형이 부탁하고 제법 물건 보는 눈썰미가 있어서 붙여뒀더니, 놀러 나오나? 실력이 없으면 성실하기라도 해."

"대표님, 그건 아니죠."

"아, 넌 성실한 재능도 없었던가?"

노력하는 것도 재능이고 성실도 재능이다. 그 재능을 개발할 때 능력이 생긴다.

"형!"

"듣기 싫으면 나가. 재창업하면서 단 한 명, 내가 안 불렀던 사람이 있는 거로 아는데."

분명하게 말한다. 승건은 대표로서 직원에게 갑질하고 있는 것이 아니다. 상사가 아래 여직원에게 휘두르는 언어폭력과 갑질을 업장 책임자로서 정리하는 것이다. 물론 자신을 두고 이루어진 뒷담화도 정리할 대상이었다.

화가 난 승건은 매섭고 날카로웠다. 한 번도 이런 사람일 거라는 생각은 하지 못했다.

세연은 저토록 날 선 말이 자신을 향한다고 생각하니 오싹했다. 문제는 민평제를 향해 날리고 있으니 세상 둘째가라면 서러웠을 독설에서 꽤 시원한 사이다 맛이 났다는 것이다.

이렇게 후련할 수가. 이렇게 멋질 수가.

분해서 뛰쳐나가는 민평제를 두고 세연은 오래도록 그와 눈 맞춤을 했다. 입맞춤보다 아슬아슬하여 가슴이 정신없이 뛰었다. 결국 닫힌 소회의실 문을 열고 들어갔다. 다급하게 찾아 문 입에서 톡 쏘는 사이다 맛이 났다. 사내 연애의 스릴을 만끽하는 동안 사랑은 무르익었다.

중요한 건 이타적 예의

「반말」＊「존댓말」

. . .

    펄프 상자 샘플링이 도착하면서 디자인 팀과 제품개발 팀, 마케팅 팀이 대회의실에 모여 앉았다. 아기 전용 물티슈는 대용량부터 외출용까지 네 단계로 포장한다. 친환경이라는 타이틀 아래 물티슈 마지막 한 장을 뽑아 쓸 때까지 상자가 버텨줄 것이냐가 회의의 주요 화두가 되었다. 네이밍부터 디자인까지 숱하게 회의한 결과에 만족도는 높았으나 마케팅을 어떻게 할 것이냐를 놓고 각자 팀에서 바라는 의견이 달랐다.

    회의 중에 수시로 승건과 눈 마주쳤다. 그때마다 세연은 새초롬히 눈을 내리깔면서도 입술 끝은 올려서 수줍은 마음을 드러냈다. 이런 연애, 참 좋았다.

    긴 회의를 끝내고 막 자리로 복귀하는데 문자가 들어왔다. 같이 퇴근하자는 승건의 문자였다. 바로 좋다고 답 문자를 보낸 뒤 정시 퇴근을 위해 일에 매달렸다. 펄프 상자가 업그레이드될 동안 제품 안내를 비롯한 글자체를 다듬어야 했다.

도시락을 사 들고 승건의 집으로 갔다. 그는 밥 먹을 생각이 없어 보였다. 현관에서 끌어당겨선 혀부터 밀어 넣었다. 세연은 냉큼 받아 물고는 갈급한 사람처럼 빨아 당겼다. 사랑을 표편하는 데 주저하지 않았고 그녀의 몸을 확인하곤 들어서는 데 망설이지 않았다. 서로 물고 늘어지면서 받아들이는 기쁨에 사로잡혔다.

절정의 순간에 짐승의 말처럼 터져 나오는 고백은 본능이었다. 사랑해. 거짓이 섞이지 않은 그 고백에 꿈보다 더 꿈 같은 시간이 터져 나왔다.

"세연 씨, 어디 있다가 왔어?"

"내가 좀 느려. 승건 씨가 서둘러 발견했어야 해."

급하게 먼저 끌어안고 저녁 식사를 한 뒤 두 번째 관계는 친절하게 이루어졌다.

세연은 그가 들어올 자리를 만들어주면서 가슴을 부끄러움 없이 내놓았다. 육체가 서로 호환하여 협력할수록 관계의 만족도는 올라갔다.

"이 예쁜 게 왜 안 보였을까?"

"어떤 과정을 거쳐야만 막이 걷히고, 그렇게 만나야 하는 사람들이 우리가 아니었을까?"

연애가 깊어지면서 친밀도가 생기고 말이 달라졌다.

연인의 몸을 탐험하고 싶은 육체적 욕망은 의존도가 높아가면서 서로를 원하는 빈도가 잦아졌다. 같은 이불을 쓰는 사람은 평등해야 한다고 주장하면서 승건은 사적인 자리에서만큼은 편하게 말을 놓길 바랐다.

몇 번이고 바꿔주고 다시 말하도록 기다려주면서 승건은 인내심을 발휘했다.

사랑은 두 사람의 인격이 나란히 서는 거라는 승건의 말은 세연에게 깊은 울림을 주었다. 어렵기만 했던 대표님 호칭을 내려놓으면서 사적인 관계를 드러내는 말로 승건 씨를 입에 올렸다. 서로 이름 뒤에 '씨'를 붙여 호명하면서 어미에서 쓰던 존댓말을 반말로 바꾸었다.

사랑할수록 예의를 지키는 게 좋다고, 끝까지 존댓말을 고수하고자 했던 세연은 승건의 고집에 꺾였다. 언어의 사회화가 이루어진 사람이기에 반말 하나로 세연의 인격이 재조립되진 않을 것이라는 그의 주장은 타당했다.

술을 먹으면 개가 되는 게 아니라 개가 술을 먹고 본성을 드러낸 것이라는 말과 같겠다.

반말을 사용함으로 인해서 거칠어지고 함부로 대하는 게 아니라 그런 사람이라서 그런 것이다. 단, 말을 놓으면서 세연은 약속을 받아냈다. 정말 화가 나서 목소리 높여 다툴 일이 생긴다면 그땐 존댓말을 하자고. 반말은 때로 제2의 인격을 불러내는 습성이 있다. 개라서가 아니라 조절 불가할 정도로 화가 날 때 그렇다. 그러니 존댓말은 예의를 지키기 위한 최소한의 장치로 필요했다.

물론 존댓말이라서 세연이 할 욕을 안 한 적은 없지만 말이다.

사랑하기 전엔 생각의 나래에 올라 지냈다. 다시 사랑이 오긴 할까, 서른에도 스물처럼 물불 안 가리고 빠져드는 사랑이란 걸 할 수 있을까, 다시 사랑하게 되긴 할까, 어떤 사랑을 하게 될까, 어떤 사람을 만나게 될까, 상상하고 기다리고 고대하면서 숱하게 생각했다. 사랑에 빠지자 세연은 그저 사랑했다. 사랑하기 바빠서 생각은 할 시간이 없었다. 사랑은 세연을 세상에서 가장 바쁜 사람으로 만들어주었다.

사랑은 건너오는 것

「가족의 언어」

:

가족은, 특히 엄마는 평일 근무시간에 전화를 걸지 않는다. 자신이 학교에 재직할 때 수업 시간에 걸려오는 전화보다 무례한 건 없다고 주장하던 엄마이기에 당연한 행동이었다. 수업 중일 거 뻔히 알면서 전화를 거는 건 대체 무슨 경우라니? 엄마는 전화가 걸려온 날이면 밥 먹다 말고 뒤늦게 광분하여 분풀이처럼 털어놓곤 했다.

그랬던 엄마가 점심시간도 되기 전인 오전 근무시간에 전화를 걸어왔다. 아버지가 돌아왔다고 말했던 그때와 아버지 부음을 알렸던 이후 처음이었다.

"어, 엄마. 무슨 일이야?"

"다쳤어. 와서 병원으로 좀 실어 갈 수 있을까?"

"알았어. 갈게. 기다려."

어디를 어떻게 다쳤는지 묻기 전에 움직였다. 가서 보면 알 것을 묻느라 시간을 허비하고 싶지 않았다. 우선 팀장에게 사정을 설명하고 반차를 냈다. 엄마가 다친 정도에 따라 내일까지 출근하지 못

할 수도 있었다. 그건 병원에 도착하여 따로 연락하기로 했다.

부지런히 퇴근 준비하고 시동을 거는데 운전석 문이 열렸다.

"내려서 내 차에 타."

"대표님?"

"이렇게 운전하다가 사고 나. 내 차로 모셔."

"아니요. 엄마는 내 소관이에요."

새롭게 보완한 샘플이 도착하여 들고 내려왔다가 반차를 내는 세연을 본 뒤 승건은 주차장으로 미리 내려왔다. 시동을 걸어 차를 데워놓는 사이 뛰어 내려온 세연을 잡아챈 것이다.

"만약 못 움직이시는 상태면 혼자 힘으로 어머니 업을 수 있나? 병원으로 갈 수는 있겠어?"

"아……!"

현실적인 깨달음에 세연은 시동을 끄고 내렸다. 승건의 차로 옮겨 타선 안전띠부터 둘렀다. 안전띠를 매주려던 승건은 피식 웃고는 그녀의 머리를 쓰다듬었다. 무심한 듯 스치는 손길 하나에도 사랑이 넘쳤다. 세연은 다쳤다는 엄마 소식에도 설레는 자신이 미친년 같았다. 이 사건이야말로 사랑이 가진 낭만적 퍼포먼스처럼 느껴졌기 때문이다.

승건은 그녀가 내비게이션에 찍은 주소로 운전해 가면서 '소관'이라는 단어를 떠올렸다. 엄마를 두고 그와 그녀 사이를 에두른 경계에 자신은 들어서지 못한 게 보였다. 그녀의 엄마가 승건의 '소관'으로 자연스레 이양되어 있길 바랐다. 가족의 범주에 속하고 싶은 건 성급한 욕망이었나 보다.

사랑은 한 사람이 한 사람을 만나는 일이다. 한 사람이란 단어에서 헷갈릴 여지란 없다. 이 사랑이 굴러서 몸집을 불린다면 결혼이라는 말을 꺼낼 것이다. 한 사람과 한 사람이 한 집에서 함께 가족을 이루어 살 것을 결정하는 일은 단순히 한 사람을 선택하는 게 아니다. 그녀와 그, 서로의 가족을 받아들이는 일이다. 각자의 집안에서 행해지는 문화와 습성, 가족의 역사까지 받아들이는 일이다. 그것을 아직 세연은 결정하지 않았고 승건은 결정했다는 뜻이다. 이 병원행은 그것을 의미했다.

잠깐 불안했던 건 혹시 우리가 다른 트랙을 돌다가 어느 한 지점에서 마주친 사람일까 하는 생각이었다. 세연이 보인 단호한 태도가 그랬다. 승건은 도로에 접어들자 그녀를 안심시킨다는 몸짓으로, 그 자신의 불안을 재우느라 그녀의 손을 찾아 쥐었다.

"크게 다치진 않으셨을 거야."

"제발 그러길 바라."

"걱정하면 걱정이 커져. 도착하기 전까지 상상하지 마. 확인해."

"그거 멋진 방법이네."

사랑의 속도가 다른 건 손쉽게 맞출 수 있지만, 방향이 다르다면 문제가 아닌가. 승건은 손을 잡는 순간 들이닥친 고민을 내려놓았다. 삶의 규칙이나 습관을 바꿔서 그녀의 방향에 맞춤으로써 이 사랑을 지킬 수 있다는 결론에 도달한 것이다.

자신을 내려놓고 그녀의 취향에 맞추고, 그녀의 눈을 통해 세상을 바라보고, 그녀의 가치관을 존중하며 따르는 일을 하기로 한 것이다. 그것은 내가 사라지는 게 아니라 바뀌는 것이다.

세연이 처음 승건의 마음에 들기 위해 화장을 바꾸고 옷 입는 스타일을 바꾸고 그가 원할 것 같은 디자인에 몰두하던 자세와 같은 것이다. 사랑하면 닮는다는 말은 이런 것이다. 고수해 온 취향을 내려놓고 서로 하나의 큰 덩어리로 반죽되는 것 같은 이치이다.

이제 승건은 그녀를 사랑할 수 있다면 무엇이든 할 수 있을 것 같았다. 그건 희생이나 양보가 아니라 숨 쉬는 것처럼 자연스럽게 느껴졌다. 세연이 바라보는 입 속, 그 은밀한 욕망의 대상이 된다는 것은 매우 기쁜 일이고 승건을 사랑스러운 존재로 인식하게 되는 계기였다. 스스로 사랑스러운 사람으로 느끼도록 해주는 세연의 눈길은 포기할 수 없는 절대적 가치가 있었다.

선물처럼 삶의 의미를 건네준 사람
「돋우다」 ＊ 「돋구다」

⋮

승건이 운전하는 차가 아파트 인근에 도착했을 때 엄마는 도로의 경계석에 앉아선 추위에 오들오들 떨고 있었다. 도로의 언 부분을 미처 보지 못하고 걷다가 넘어져서 양쪽 발을 모두 다친 상태였다. 접질린 다리로 걷다가 넘어지는 바람에 한쪽 무릎마저 다친 것이다. 한눈에도 퉁퉁 부어올라 있었다.

"아니, 어떻게 넘어졌기에 이렇게 됐어?"

"그러게. 내가 미쳤지. 그런데 누구?"

"회사 대푭니다. 공장 가려고 출발하는 중에 전화가 걸려와서 이곳으로 왔습니다."

"어머, 내가 운이 좋았네요."

"안 다친 게 운이 좋은 거지."

"엄마, 지금 감정 딱 좋아. 성질 돋구지 마."

"엄마?"

"응. 돋우지 마."

엄마는 세연의 억양에 담긴 말을 바로 알아듣고 상황에 맞게 바꾸었다.

돋구는 건 안경 도수를 높이기 위해 안경원에서 해야 할 말이다. 지금 세연이 남자와 함께 나타남으로써 엄마 기분이 좋아졌다.

그러니 더 어떤 반론도 하지 말고 성질을 자극하지 말라는 뜻으로 한 말이면 '돋우지' 말라고 하는 게 맞다.

"다쳐놓고 좋냐?"

"이왕 넘어진 건 할 수 없고. 딸이 둘씩이나 있으면서 아무도 못 온다고 할 뻔했잖아."

둘만 있었으면 '딸년'이라고 했을 것을 엄마는 대표가 나타남으로 인해서 '딸'이라는 온순한 말을 썼다. 사회적 언어는 상대적이어서 엄마는 어떻게 첫인상을 만들지를 보다 빨리 포획했고 규범적 언어를 선택했다. 오늘 승건이 갖게 될 엄마의 첫인상은 신뢰성 제로이긴 하지만 말이다.

첫인상은 관계를 시작하는 첫 단추이다. 마지막 단추가 아니다. 만들어진 예의는 결국 쉽게 바닥을 드러낼 것이다. 엄마가 쓴 가면은 무척 얇고 가볍다.

"얼른 타."

세연이 팔을 뻗어 부축하려는데 엄마는 뒤로 몸을 뺐다. 얼굴엔 낭패한 기운이 가득했다.

"걸을 수 있었으면 혼자 택시 타고 갔지. 그나마 기어서 여기로 온 거야."

"실례하겠습니다."

승건은 엄마 앞에 차를 대더니 걷지 못하는 엄마를 가볍게 안아 들었다. 생전 처음 남자 품에 안긴 듯 엄마는 순식간에 수줍어했다. 뒷좌석에 다리를 올려 앉도록 함으로써 세연은 엄마의 눈치를 살필 것도 없이 보조석, 승건의 옆자리에 앉았다.

'한번 해봤던 일이라 매끄러운 걸까?'

이 질문은 고약한 게 아니라 동경에 가까운 것이다. 그와 살던 여자를 향한 질투가 아니라 그를 놓친 여자를 향한 고마움이 일었으니 분명했다. 순식간에 세연의 삶 가장 안쪽으로 뛰어들어 온 그가 부담스러운 건 차치하고서였다.

그가 가진 모든 것이 좋게만 보이는 것, 사랑은 분명 눈멀고 귀먹는 일이었다.

만나고 헤어지는 징검다리를 거쳐 내게로 건너오는 길, 그게 사랑이다. 우리는 건너갈 것인가, 같이 건너가자고 손을 잡을 것인가. 마치 과거의 모든 시간을 건너 서로에게 도착한 것만 같았다. 승건을 보자니 세연은 마음이 한없이 부풀어 올랐다.

고마운 마음을 표현하면
누군가는 행복하다

「추켜세우다」

:

승건이 내민 손을 친절로 받아들여 고마워할 수도 있었고 승건의 귀한 근무시간을 빼앗은 것으로 여겨 미안해할 수도 있었다. 엄마는 친절로 받아들였고 그것을 무척 고마워했다. 나이 든 사람으로서 당연히 받아야 하는 권리로 행하려 들지 않았다.

"어머, 대표님 고마워요."

"아닙니다."

"아니긴 뭐가 아닐까요? 정말 고마운데, 그냥 네, 해주시면 내가 참 고마울 것 같은데."

"그렇게 치켜세우지 않으셔도 됩니다."

승건의 말에 엄마는 물끄러미 보다가 한껏 방긋 웃었다.

"기특하네요. 보통은 추켜세우지 말라고 말하던데."

눈썹을 추켜세우며 노려보거나 몸을 추켜세워 앉았다고 할 때 쓰는 말을 사람들은 잘도 헷갈렸다.

그걸 틀리지 않고 말하자 엄마는 대놓고 의미심장한 눈초리를 보였다.

"아무튼 진짜 고마워요. 둘이서 낭패할 뻔했거든."

"엄마, 그만해."

"뭘 그만해? 고마운 만큼 표현해야 고마운 거지. 쓱 한 번 말하고 입 닫으면 그게 고마운 거니? 면피한 거지."

세연은 미안하다거나 신세 졌다는 말 대신 고맙다고 한 엄마가 대견해 보였다. 역시 초등학생을 가르쳤던 선생님다웠다. 아니다. 엄마가 가르친 대로 자란 세연으로선 가르친 대로 행하고 사는 엄마가 존경스러운 것이다. 당신은 못하더라도 딸은 잘 살길 바라는 마음으로 훈육했던 몇 가지, 그 가운데 '분명하게 말하라, 고맙다고 말하라'는 교단에서 학생들을 향해 가장 많이 요구했던 마음이라고 했다.

친절이나 호의가 계속되면 권리로 아는 사람들이 있다. 첫 직장에서 친하게 지냈던 여자 동기가 그랬다. 세연이 밥을 사고 술값을 내고 약속 시간에 먼저 도착한 것은 인간으로서 도리를 다하기 위해서였다. 약속을 지키는 것으로 자기 자신에게 예의를 지키고 싶었다. 여자 동기는 스스로 높임받고 있다고 생각했는지 툭하면 늦었고 술자리에 앉으면 당연히 세연이 계산할 것을 알고는 "잘 마실게."라고 인사했다.

관계에 불균형이 오면서 마음은 식었고 만날 이유는 사라졌다. 여자 동기와 만나는 횟수를 줄이다가 어느 순간 세연이 연락하지 않으면서 자연스레 연락이 끊겼다.

그로부터 꽤 긴 시간이 흐른 후, 모임에 나갔다가 그녀와 마주쳤다. 왜 그동안 연락하지 않았느냐고, 여자 동기는 반기며 그녀 옆에 앉아 물었다. 그때 세연은 웃으면서 물었다.

"너도 안 했잖아. 너는 왜 안 했는데?"

"난 기다렸지."

"나도 기다렸어."

"어우, 내가 먼저 전화해서 보자고 하면 밥값을 내가 내야 하는 거잖아. 대기업 다니면서 시간이 쉽게 나는 것도 아니고."

"그래, 그렇지. 그래서 앞으로는 기다리는 것도 안 하려고."

그렇게 관계를 정리했다. 처음엔 고마워하고, 더치페이하자는 말도 심심치 않게 하던 그녀였다. 어쩌다 그녀가 밥값을 낼 때 세연은 노골적으로 거듭하여 고맙다고 말했다. 듣는 즐거움을 통해 깨닫는 게 있다면 세연에게도 고맙다고 말하라는 뜻이었다. 동기는 알아듣는 대신 고마운 걸 말로 해야 아는 거냐고, 당당하게 따져 물었다.

생각해 보면 그녀와 아직도 사적 관계를 맺고 있지 않아서 다행이었다.

"그래, 엄마. 맞다. 엄마 마음속을 누가 어떻게 알 거라고. 실컷 고마워하고, 고마운 만큼 말해."

선물

「당신이 원하는 것」

...

인대가 늘어난 왼쪽 발목엔 반깁스에 보호대를 하고 오른쪽 무릎은 단순 타박상으로 온찜질하라는 진단을 받았다. 세연은 당분간 엄마 집에서 지내기로 했다. 엄마는 한사코 거절하며 도리질했으나 걷는 데 불편한 엄마를 혼자 둘 순 없었다.

세연의 결정은 명란을 이사하게 했다.

캣대디인 승건의 집에 며칠 두기로 했다.

어린 시절 세연이 고양이 트라우마가 생긴 후 그녀의 가족은 전부 반려견, 반려묘를 두지 못했다. 죽음을 목도하는 일은 누구라도 쉽지 않았다. 한 손에 죽음을 들고 내렸던 세연이 트라우마를 가장 크게 겪었으나 세연이 팽개치다시피 놓쳤던 새끼 고양이를 치우고 나머지 새끼들의 죽음이 담긴 상자까지 들고 내린 건 엄마였다.

세연의 집으로 들어온 승건은 익숙하게 명란의 짐을 챙겼다. 세연은 엄마 집에서 지낼 짐을 챙겼다. 다 챙기고 차 한잔 마시고 출발하자며 식탁에 마주 앉았다.

"명란이가 사람 따르는 거 처음 봤어."

벨 소리만 났다 하면 명란은 안방으로 들어갔다. 엄마나 동생이 오면 아예 침대 밑으로 들어가서 나오지 않았다. 야옹, 소리도 내지 않았다. 얼마나 수줍음을 많이 타는지 동생은 침대 밑으로 고개를 들이밀고서야 겨우 존재를 확인했다. 사람도 고양이도 서로를 향해 손을 뻗지 않았다. 아직 그녀들은 명란을 안아주는 단계에 이르지 못했고 명란 역시 그녀들에게 안길 마음이 없었다. 세연 역시도 안간힘을 다해 참으면서 한 번씩 안아줄 뿐 아직 명란을 안는 게 쉽지 않았다.

승건에게 이름을 말하면서 명랑하다고 덧붙였던 건 애써 지어낸 추임새였다.

그토록 사람을 경계하던 명란이 승건에겐 냉큼 안기고는 그의 손등을 핥았다.

"캣대디라더니 승건 씨한테서 동족 냄새를 맡았나 봐. 얘 웃긴다."

승건은 형식적으로 이동 장을 꺼내놓고선 그 안에 명란을 넣을 생각이 없어 보였다. 아득한 그리움 같은 눈으로 명란을 내리 쓰다듬었다. 캣대디라더니 고양이를 보는 눈이 남달랐다.

"오늘 고마웠어. 다음부턴 내가 원하는 걸 해줘. 승건 씨가 해주면서 마음이 편해질 것을 해주려고 하지 마."

승건은 세연이 하는 말에서 아내를 떠올렸다. 모골이 송연해졌다.

"네가 주고 싶은 걸 주는 게 선물이니?"

아내는 선물을 건네거나 무언가를 배려할 때마다 심드렁했다. 꽃을 선물해도, 반지를 선물해도, 조기 퇴근 하여 외식하자고 해도 좋아하지 않았다.

"이딴 식으로 과시하지 마."

아내를 떠올리면 무언가를 안겨주고 싶었다. 뭘 안겨주면 기뻐할는지 상상하고 선물을 사러 가고 건네주면서 설레곤 했다. 선물은 이렇듯 아내를 떠올리는 순간부터 건네는 순간까지, 선물 자체뿐 아니라 마음과 시간까지라고 믿었다. 아내가 그 시간과 마음을 알아주길 바랐다.

"내가 원하는 것을 해줘. 네가 해주고 싶은 걸 해주지 말고."

"꽃을 보면서 네가 떠올랐어."

"나 꽃가루 알레르기 있어. 좋겠니?"

"외식하자."

"생리 중이야. 눕고 싶다고."

물론 아내가 댄 이유는 모두 사실이 아니었다. 아내는 제대로 살고 싶어 했고 제대로 살기 위해선 더 높은 곳으로 올라가야 한다고 믿었다. 그날까진 문화생활을 영위하는 것조차 사치로 여겼다.

목표에 도달하기까지 아내는 생존에 필요한 것 외에는 소비를 혐오했다. 한 푼이라도 아껴서 회사에 재투자하길 바랐다. 스타트업으로 시작한 사업이 중견기업으로 성장하고 마침내는 대기업이 되기를 꿈꾸었다. 화장지, 물티슈, 미용 티슈, 주방 타월, 기저귀, 생리대 등 위생용품과 생활에 필요한 모든 제품이 독보적으로 1위에 오르기를 꿈꾸었다.

선물을 거부당한 뒤 빈손으로 아내 앞에 서는 게 몹시 허탈한 나날이었다. 대기업이라는, 지나치게 큰 것을 바라는 아내가 어쩐지 멀리 떠나 있는 느낌이 들어서였다. 오늘을 포기한 채 내일을 바라보는 아내가 덧없어 보이던 날들이기도 했다.

허탈함을 감추고 멀어지는 마음을 다독이느라 우격으로 장만한 선물도 있었다. 선물하는 자신을 관대함이라는 단어로 포장한 뒤 선물을 내치는 아내의 졸렬함을 실컷 비난하기도 했다. 그때 아내가 정말 원했던 선물은 뭐였을까?

그때 승건은 아내가 좋아하는 걸 알아채서 선물하려고 하기보다 하지 말라는 것, 싫어하는 것들을 하지 말았어야 했다. 그랬다면 대립이 반쯤은 줄었을지도 모른다.

지난 추억에서 빠져나와 승건은 세연을 향해 손을 뻗었다. 입술에 엄지를 올리고 세연이 흘리던 식으로 군침을 삼켰다.

"이 순간에 세연 씨 안고 싶다고 하면 난 발정 난 개새끼인가?"

사랑엔 필연적으로 음란과 퇴폐가 따르지만 우리는 누구도 그것을 음란과 퇴폐로 말하지 않는다. 간절한 바람이며 행위로 증명하는 성스러운 결합이라고 한다.

세연은 열기에 휩싸인 질문을 듣고는 가만히 그의 허벅지 위에 올라앉았다. 아래를 바투 붙여 그와 마주 보고 앉아선 입술을 겹쳤다. 세연은 조급하게 밀고 들어오는 혀를 끌어당겨 물고는 고개를 틀었다. 그의 입술이 다른 때보다 빨리 깊은 곳에 닿기를 바랐다.

"같이 샤워하면서 할까요?"

세연은 그의 몸과 마음이 원하는 것을 해주고 싶었다. 그가 원하는 것이 세연이 원하는 것이기도 했다. 주고 싶은 것을 주는 대신 그가 바라는 것을 주고 싶었다. 사랑이라면 절대로 상대방이 줄 수 없는 것을 바라지 않을 게 뻔했다.

인연이 계속되면
운명이라 생각하고 싶다

「인연」 ＊ 「운명」

⠒

　새벽에 압력 밥솥 돌아가는 소리는 어떤 알람보다 강력했다. 세연은 조금이라도 더 자려고 이불을 덮어쓰다가 포기하고 일어나 나왔다. 돌보러 온 딸을 먹여 내보내려고 엄마는 아픈 다리를 하고 내내 아침을 준비했다. 하지 말라고 해도 도통 말을 듣지 않았다.

　"엄마, 나 오늘부터 내 집으로 간다."

　"제발 그러라니까."

　"그 다리로 왜 움직여? 아침엔 입맛 없다고."

　"나이 육십 되면 새벽잠 없어져."

　"그렇다고 나까지 새벽잠 못 자고 깨야 하는 건 아니지 않아?"

　"봤지? 엄마 혼자서도 얼마든지 움직이는 거? 그러니까 가."

　"뭐야? 나 보내려고 일부러 이러는 거야?"

　"대표님하고 뭐 있어 보이던데 엄마 때문에 브레이크 걸리면 안 되잖아. 가. 가서 연애해."

　에로스적인 사랑은 때로 100m 달리기이고 42.195km를 달리는 마라톤이기도 하다. 처음엔 기운차게 시작하지만, 어느 지점에 이르면 숨차면서 속도가 더뎌진다. 도착 지점에 이르면 끝나거나 새로운 단계로 넘어간다. 도착 지점에 이르기 전에 중도에 포기하기도 한다. 끝이 보이면 성급하게 궤도 이탈을 선택하는데 후회는 하더라도 결과를 뒤바꾼 적은 없다. 반면에 아가페적인 사랑은 도무지 지치질 않는다. 아주 작은 변화도 놓치지 않고 살핀다. 어떻게 해야 가장 좋을지를 포착해 낸 뒤엔 재빨리 실행에 옮긴다.

"고물상에 잘못 버린 물건 하나가 있었던 모양이지?"

아니라고 말하지 못했다. 침묵은 긍정이었으나 표정은 아니라는 투로 지어 보였다. 이도 저도 아닌 태도를 보임으로써 열린 결말, 가능성이 있다 정도에서 갈무리되길 바랐다.

"뭐야? 깐보는 중이야?"

"그러게. 주제에."

"저쪽은 직진이던데."

"그러다 어느 순간 유턴할 수도 있어."

"그래서 깐보는 중이라고? 주제인 거 아는 주제에?"

"소파 승진이 아니라 침대 취직이라고 할 것 같아서. 무섭잖아."

"네가?"

"그러게. 내가."

이제 시작한 연인에게 결혼은 무척 생경한 단어였다. 가족의 문화를 받아들일 단계가 아니기에 승건에 대한 정보를 털어놓을 필요가 없었다.

이혼은 과정일 뿐 어떤 상태에서도 약점이 되지 않는다.

미리 운을 떼는 것 자체가 이야기할 만한 상황으로 인식하고 있다는 증거라고 말한다. 말해야 할 것 같은 것. 물 흐르듯 자연스러운 상태라면 아무것도 말하지 않아도 된다. 세연은 그런 상태로 인식하기로 했다.

주말을 지나 엿새 만에 명란을 데리러 승건의 집으로 갔다. 그의 집으로 갈 때마다 고양이들은 어딘가로 숨어들어서 볼 수 없었다. 명란을 데리러 가서야 승건은 고양이들이 숨었다는 서재를 열었다. 뜻밖의 풍경에 세연은 입을 벌린 채 한참을 서 있어야 했다.

"승건 씨, 얘네들, 뭐야?"

명란의 품에 고양이 두 마리가 안겨 있었다. 그건 예사로운 형태가 아니었다. 승건은 그 모습을 내려다보며 담담한 표정을 지어 보였다. 어떤 식으로든 이 광경을 설명해야 했다. 세연과 조금 더 마음을 쌓은 다음에 말하고 싶었으나 세상은 계획대로 되지 않는다.

돌려 말하거나 회피하는 것을 염두에 두지 않았던 것은 아니다. 있는 그대로 말하는 것이 사랑에 대한 의무이자 관계를 더욱 공고히 하는 계기가 될 거로 믿었다.

"명란이는 저 아이들 엄마야."

사랑의 양상이 바뀌는 데는 한마디로 충분했다. 충격이란 이런 것이다. 몇 날 며칠이고 쏟아붓는 폭우로 범람 직전에 도달한 하천을 보는 기분이었다. 파탄에 도달하는 건 쉬웠다. 산소 밀도가 빼곡

해지면서 호흡곤란이 왔다. 세연은 길게 들숨과 날숨을 반복하여 내쉬면서 세차게 뛰는 심장을 가라앉혔다.

"얘 원래 이름은……."

"명란이."

이런! 존재하지 않으면서 존재했던 기억은 복원되어 뇌세포의 주름마다 어떤 무늬를 새기기 시작했다. 희란이가 부르던 이름이 그제야 귀에 생생했다. '우리 명란이가요, 명란이가 말이지.' 무의식에 차곡차곡 쌓인 말은 세연의 결정을 지배했다. 세연은 자신이 지은 이름에 아연했다. 맹세컨대 명란이라고 이름 지을 때 희란은 머릿속 어디에도 없었다. 명란이가 누구의 반려묘였는지 깨달았던 날보다 충격이 열 배, 백 배로 컸다.

그의 말을 들으면서 세연은 다른 곳에서 오는 기억으로 눈빛이 달라지고 표정이 바뀌고 입매가 굳어갔다. 그 얼굴을 보면서도 승건은 말을 멈출 수 없었다. 반드시 지나가야 할 길이었다. 넘어야 할 산으로 여기진 않았다. 이렇게 우리는 인연으로 닿아 있었고 이곳까지 이르렀다고. 승건은 인연이라는 것에 매달려 볼 참이었다.

손쉽게 생각하고 함부로 맺은 인연이 아니었다. 자연적인 현상이 아닌 한 이 삶에서 더는 떠나보낼 인연은 없다고 믿었다. 승건에게 세연이 필요하듯 세연에게도 승건이 필요한 존재라고 믿었다. 그녀가 보내는 신호는 늘 따뜻했고 흥미진진했고 열정적이었다. 오직 승건에게 집중했고 작은 변화도 알아차렸다.

지나간 인연이 그녀와 자신의 발목을 잡을 거라고는 믿기 싫었다.

"우와, 우린 별거 별거로 전부 연결되어 있었네. 운명인가 봐."

"고양이가 우리를 이어준 거네. 놓치지 않아서 고마워. 좀 감동인 것도 같고."

흔연스럽게 호들갑을 떨 것까지 기대한 건 아니었다. 더 큰 인연으로 확대해석하여 한 발짝 더 들어올 것을 믿었다. 믿는다는 것은 오만한 결정이 아니었다.

상호 호환하며 느낀 순정한 느낌이었다. 사랑은 이론보다 감정적 동질에서 오는 것이기에 둘의 결속은 단단하다고 믿은 것이다.

진심을 담은 마음

「양보」✳「배려」

　

희란은 '스피드족 회사, 세무조사. 불매운동' 창을 연 스마트폰을 들고 고래고래 소리를 질렀다. 질릴 정도로 목에 핏대를 세운 희란은 낯설었다. 승건이 알던 희란이 아니었다.

"나 아픈 게 좋았니? 아니면 나보다 빨리 가고 싶었니? 이게 뭐 하는 짓이야?"

할 말이 없었다. 아픈 아내가 답답해서 밟았다고 말할 수도, 영원히 아빠가 될 수 없을 거란 불안을 견딜 수 없었다고도 말할 수 없었다. 스마트폰을 집어 던진 희란은 승건 앞에 이혼 서류를 내던졌다.

"뭐야, 이게?"

"그만하자. 우린 여기까진 거야."

바로 직전에 희란은 기나긴 투병 끝에 완치 판정을 받았다.

'살려놨더니.'

자신이 추레해지는 게 싫어서 승건은 입 다문 채 이혼 서류를 바라보았다. 아내가 쓸 칸은 모두 메워져 있었다. 찢으려는 순간 믿을 수 없게도 현관 벨이 울렸고 희란의 주치의가 그들의 신혼집으로 들어왔다. 희란은 싸두었던 캐리어를 들고 나가면서 일주일 뒤 법원에서 보자고 했다.

사랑하는 동안엔 사랑해서 사랑했고, 사랑해서 살았다. 사랑을 유지하기 위해 외면하고 버틸 때마다 희란은 끝낼 이유들을 줄 세워놓았다. 결혼 생활에 계산을 넣었고 아이를 원치 않았고 회사가 휘청거리는 사이 다른 곳으로 눈을 돌렸다. 이래도 안 끝낼 셈이냐고 물었다.

숙려 기간을 거쳐 이혼은 마무리되었다. 희란과 마지막으로 만났다. 희란은 주치의와 동행하여 나왔다. 사랑할 땐 1:1로 만났건만 헤어질 땐 2:1이 되었다. 이것이야말로 끝낼 이유였다.

"관찰 치료가 필요한 사람이니 내가 낫겠죠. 미안합니다만, 미워하지는 말아주십시오."

주치의는 곤혹스러운 얼굴로 승건에게 고개 숙였다.

승건은 부모도 이혼, 형도 이혼, 이모도 이혼했다. 자신마저 이혼하는 게 끔찍하여 어떻게든 피하고 싶은 게 속내였다.

임신 중단은 여성의 자기 결정권이라고 해도 생명인 것을, 그리 쉽게 결정한 뒤 항암 치료에 몰두할 줄 몰랐다. 아내를 설득할 생각까지 했던 그로선 보통 실망스러운 일이 아닐 수 없었다. 사랑은 꼭 1분 고민한 뒤 수술을 결정하던 그 순간 식었다. 사랑은 없어도 살 수 있는 게 결혼이라고 여겼으나 희란은 그것마저 거부했다.

법원 주차장에서 헤어질 때 주치의는 둘이 인사할 수 있도록 먼저 차에 올랐다.

승건은 악수를 생략한 채 말했다.

"그래도 넌 엄마는 되네?"

"빈궁마마가 엄마가 된다는 거, 근사하지 않아?"

"나보단 오래 살지 마라."

"언제 죽는지 말해. 그 전날 죽어줄 테니까."

맹독처럼 말이 온몸에 퍼졌다. 희란이 나쁜 사람이 아니고 승건이 무기력한 사람이 아니었다. 그들의 사이는 닳은 것이고 다한 것이다. 그걸 알면서도 받아들이기 힘들었던 건 '이혼'이라는 두 글자 때문이었다. 이혼하는 유전자가 있는 건가, 삶에 대한 모멸감 같은 게 승건을 사로잡았고 그 마음을 가누기 힘들었다.

흔들리는 대신 부러지고 싶었던 건지도 몰랐다. 그걸 사람들은 미련이라고 했다. 미련하다고도 했다. 미련은 억울한 것에서 왔을 것이다. 끝내도 승건이 끝내야 한다고, 아내에겐 끝낼 자격이 없다고 믿었다. 마치 먼저 끝낼 기회를 놓친 사람처럼 굴기도 했다.

헤어지는 데 어떤 격식이 있다고 그걸 따져 지키겠는가. 내가 힘들어 죽겠는데. 그 마음으로 마음껏 망가졌고 치졸했다. 이미 부부로선 끝나 있었다. 억울한 건 따로 풀면 되는 걸 미련스럽게 그악을 떨었다.

미련은 그렇게 수십 개의 얼굴로 승건을 망가뜨렸다. 미련은 이

성보다 힘이 셌다.

승건은 고양이 배낭을 지고 테이크아웃한 커피 캐리어를 들고 희란에게 갔다. 헤어질 때 보였던 마지막 모습이 부끄러워 사과하기 위해서였다.

"바로 합칠 줄 알았는데 왜 여기야?"

"애들하고 먼저 친해져야 해서."

주치의에겐 두 딸이 있었다. 두 딸과 친해지는 기간을 둔 뒤 합가하기로 했다는 말에 승건은 명란을 안겼다. 명란과 살면서 자신을 떠올려주길 바랐다. 명란에게 새끼와 살 기회를 주기 위해서라도 승건에게 돌아오지 않을까, 작은 미련 같은 게 남아 있었다.

"들어가. 커피 한잔은 하자. 주지 않을 것 같아서 사 왔어. 네 건 말차라떼."

"들어오는 거 거북해. 차 가져왔지?"

승건은 그를 집 안으로 들이려고도 하지 않는 희란에게 배낭을 벗어 건넸다. 희란은 받을 생각 없이 가슴 앞으로 팔짱을 낀 채 요지부동이었다. 도리 없이 벗었던 배낭을 앞으로 다시 메선 배낭 투명 창으로 명란을 볼 수 있도록 했다.

"하루라도 혼자 살지 마."

"의사 선생 고양이 털 알레르기 있어. 주지 마."

"그럼 선생한테 갈 때 다시 나한테 주고 가면 되지."

"일단 차에 가서 말해."

"조금 전, 커피숍에서 누가 바지에 커피를 쏟았어. 들어가서 좀 닦자."

희란은 고집스럽게 밖으로 승건을 내밀다가 얼룩진 바지를 보고서야 몸을 비켰다. 떠날 준비를 하느라 실내는 휑한 채 어수선했다. 승건은 정착하지 않은 채 지내는 상태를 알아봤다. 씁쓸한 마음을 감춰 소파도 없는 거실을 등지고 식탁에 앉아 커피와 말차라떼를 내려놓았다.

희란이 재혼하여 합가하는 날 데리러 오는 것으로 하고 명란을 두고 일어섰다. 희란은 오랜만에 만나 반가운 명란을 안고 승건을 배웅 나갔다. 엘리베이터에 올라타서야 희란의 팔에 소름이 돋은 것을 알아차렸다. 더위에 약한 승건을 위해 에어컨을 세게 틀어놓고 희란은 추위와 다퉈야 했다. 그 배려에 승건은 마음을 지탱했던 미움 한 덩이가 꺼지는 것을 느꼈다.

'양보는 의미를 아는 자에게 하는 것이고 배려는 받을 준비가 된 자에게 하는 것이다.'

이 말은 희란의 모토였다.

운전 중에 끼어들기를 양보할 때 깜빡이를 켬으로써 감사 인사를 전하거나 손을 들어 보이는 걸 희란은 꼬박꼬박 지켰다. 배려받고 양보받은 사람이 가져야 할 의무라고 했다. 반대로 양보해 줘서 끼어든 앞차가 깜빡이를 켜지 않을 때 희란은 신경질을 냈다.

"쟤 뭐니? 양보를 받았으면 고맙다고 손을 들어야 할 거 아니야.

깜빡이를 누르든가. 그게 그렇게 어려워? 오래 살려고 욕 얻어먹겠단다."

희란은 자신을 배려하지 않는 사람들을 경멸했다. 희란의 팔뚝에 오소소 돋은 소름을 알아차려 에어컨 온도를 조절하도록 해야 했는데, 집주인에게 일임하고 만 게 되어버렸다. 완치했다곤 하나 환자였으니 그 기색을 살폈어야 했다. 이로써 승건은 다시 한번 희란에겐 배려받을 자격이 없는 사람으로 전락했다.

보살피고 희생하는 가장 기본적인 단위는 진심을 담은 마음이다. 희란은 어쩌자고 뒤늦게 자신에게 이런 양보와 배려를 한 걸까?

기억에 불을 켠다

「켜다」

⋮

"너 추운 거 모르고 나 시원한 거만 생각했다. 다신 그러지 마."

"내가 편하고 싶어서 킨 거야."

희란은 유독 '틀리다'와 '다르다'를 구분하기 힘들어했다. 그녀의 언어 습관에서 좀처럼 고쳐지지 않는 것의 대표주자인 셈인데 그다음으로 고치기 어려워한 게 '키다'와 '켜다'였다. 옛날 생각이 나서 승건은 저도 모르게 빙그레 웃고 말았다. 어쩐지 다 알면서 일부러 고집을 피우는 것처럼 느껴지기도 했다. 어렸을 때 엄마 품에서 듣고 자란 언어에 대한 그리움 같은 것. 혹은 말에 꼬리를 달아 말장난을 조금 더 하고 싶은 것. 어느 쪽이든 희란이 선택한 단어는 지난날을 불러일으켰다.

"혼자 기다리는 거 무서워서 불 키고 잤어."

승건이 늦게 귀가한 날 거실까지 환한 상태를 두고 희란은 꼭 해명하듯 말을 붙였다. 신혼의 날들, 아내를 혼자 두는 남편을 향한 원망의 도구로 환한 거실은 꽤 괜찮은 항의였다.

"요즘도 혼자 잘 땐 불 켜고 자?"

"아니."

"습관이 바뀐 거야?"

"고친 거야. 불 키고 자는 거, 안 되겠더라고."

이쯤이면 일부러 틀리는 것이다. 승건은 더 말하지 않고 도착한 엘리베이터에 올랐다.

"왜 일 층이야? 지하에 차 안 댔어?"

"출구 찾는 게 어렵더라. 바로 정문하고 붙어 있는데 뭐 하러 어려운 입구 찾나 했어."

희란과 조금 긴 길을 걷고 싶어서 지하에 주차하지 않았다고 말하지 않았다. 다행히 희란이 사는 곳은 아파트 정문과 가까워서 이유로도 적당했다.

차에 오자마자 승건은 사두었던 머플러를 꺼내 거칠게 포장을 뜯어 목에 둘러주었다.

"완치 판정받은 사람 꼴이 이게 뭐냐? 왜 더 아파 보여?"

"이건 뭐야?"

생일인 걸 기억한 모양이었다. 그걸 말로 듣고 싶어서 웬 거냐고 물었다. 승건은 대답 대신 명란과 눈 맞추느라 무릎을 굽혀 키를 낮췄다. 눈빛엔 사랑이 가득하여 희란은 울컥하는 걸 내리눌렀다. 승건이 명란을 보느라 희란을 보지 못한 게 다행이었다.

"가는 날 전화하든가 가기 전날 전화하든가 해. 그럼 데리러 올게. 사는 동안은 명란이랑 살아. 네가 명란이 엄마잖아."

"오빠는?"

"나는 내가 알아서 산다."

가볍게 등을 툭 친 뒤 가뿐하게 차에 올라서 가는 승건을 한참 보다가 희란은 겨우 발을 뗐다. 속 좁게 굴었던 사과도 꼭 그다운 방식이었다. 저리 좋은 사람을 아프게 해놓고 붙어 있는 게 염치없었다. 원할 때 아기를 가졌다면 제 몸은 무너지지 않았을까? 만약 그랬다면 제대로 살면서 동시에 제대로 된 삶을 살고 있지 않았을까? 기업을 위해 삶을 저당 잡았던 선택이 이렇게 후회될 수 없었다. 희란은 돌아갈 수 없는 시간을 회한처럼 떠올렸다. 수없이 만약을 불러내선 가슴을 쥐어뜯었다.

만약 당신이 무언가를 놓고 고민한다면 희란은 망설이지 않고 충고할 수 있었다. 조금 더 좋은 선택을 할 수 있도록 도울 수 있었다. 확정되지 않은 미래를 염려하느라 오늘을 망치지 말라고. 남의 눈에 자신의 삶을 맞추지 말라고. 아무도 내 삶의 주인이 될 수 없게 하라고. 쉽게 휘둘리지 말라고.

아파트 안으로 들어서는데 엘리베이터가 막 닫히려고 했다. 희란은 뛰어가면서 소리쳤다.

"같이 가요!"

가장 절망적일 때 떠오르는

「하필」 ＊ 「어째서」 ＊ 「왜」

⋮

세연은 이동 장에 담으려던 명란을 가만히 내려놓았다.

하필, 어째서, 왜 등등의 단어들이 머릿속에서 거미줄을 쳤다. 절망적이고 부정적이며 좌절할 만한 정황에 내던져졌을 때 터져 나오는 단어들이 연달았다.

이 관계가 더는 건강하지 않을 거라는 의미였다.

마음이 들끓는 두 사람과 상관없이 명란은 새끼들을 향해 가선 혀로 핥아댔다. 더없이 평화로운 가족의 시간을 그려냈다. 그 모습을 보면서 세연은 무감하게 일어섰다.

"두고 가는 게 좋겠어요."

"세연 씨, 그건……."

"주인이 키우는 게 맞겠어요. 혹시 희란 언니한테, 아니에요. 아무것도."

"물어봐요."

세연이 정중하게 존댓말을 쓰자 승건은 둘 사이를 가르던 복합적인 공기가 이별의 징후임을 알아차렸다. 불행에 대한 감각은 기이할 정도로 끈질기게 축적되어 있었다. 초능력이라도 발휘하는 것처럼. 그 바람에 승건 역시 존댓말로 대했다. 먼 거리가 너무 가까이에 있어서 아랫입술을 깨물 수밖에 없었다. 손을 뻗지 않으려면 어쩔 수 없었다.

"아니에요. 물으려는 순간, 알아버렸어요. 안녕히 계세요."

승건을 등 뒤에 두고 돌아서면서 세연은 집으로 가는 길만을 떠올렸다. 마치 데이터대로 움직이는 기계처럼 신을 신고 엘리베이터 내림 버튼을 눌렀다. 블랙홀에 빨려 들어가는 사람처럼 그 안에 몸을 실었다.

희란이 단념한 시간이 세연의 어깨 위에 따라온 기분이었다.

사람은 제 있을 곳에 있어야 한다는 말은 때로 잔혹한 현실 동화로 이끌었다. 깨닫고 싶지 않지만 끝내 깨닫고야 마는 지점에서 삶은 끝내 결론을 내리도록 종용했다. 결론 내리고 싶지 않았다.

그의 품에 고꾸라져서 그를 위로하는 척 제 욕심을 채우고 싶었다. 품을 파고들어 짐승처럼 뒹군 뒤 함께 샤워하면서 말과 생각을 씻어내면 시치미 뗄 수 있을지도 모른다고, 몇 번이고 스스로 설득했다.

'오늘만, 오늘만 잡아줘요.'

몇 번이 될는지 유한한 숫자의 오늘을 앞세워 미련스레 미련을 보이고 싶었다.

어차피 헤어질 인연이라면 언젠가 닥칠 텐데, 다음으로 미루는 게 그렇게 나쁜 일일까? 할 일 하나쯤 빼먹는다고 양심이 고장 나기라도 할까? 세연은 자신을 지배한 생각과 싸웠다. 도착하거나 도달하거나 도래하거나, 단어를 바꾸어 써도 결과는 하나였다.

머리가 결론을 내리기도 전에 가슴이 무릎을 세웠고 그에게서 등을 돌리도록 했다. 어떤 방해가 없기에 갈 수 없는 길이 있다는 것을 알아버린 삶이 다만 안됐다.

'이별은 사랑했다는 증거이며 지난 시간 사랑했다는 알리바이라고 말하지 말라. 듣는 사람이 구차해지는 위로에 눈물을 감출 자신이 없으니 부디 입 다물어주시라.'

끝나지 않는 방법을 알았으면서 시작했다. 모든 게 한꺼번에 끝나기 직전이었다.

가지지 않으려고요

「버리는 거예요」

. .
.

만지작거리던 사직서를 들고 팀장에게 가자 팀장은 무슨 소리
를 들었는지 세연에게 대표실로 올라가라고 했다. 예상했던 순서
는 아니었으나 모를 바 아니었기에 대표실로 올라갔다.

이제 다시 구직자가 될 것이다. 한번 뛰쳐나오자 비정규직이 마
치 주어진 몫이 된 듯 서글퍼졌다. 그때 빼앗긴 디자인을 빌미 삼아
그의 라인을 타면서 적당히 비비면서 살았으면 좋았을까? 만약은
없는 것이기에 세연은 마지막 계단을 오르면서 자신만은 자신을
괴롭히지 말자고, 생각을 끌어내렸다.

사직서를 받아든 승건은 착잡한 표정을 감추지 않았다.

"말릴 수 없는 거죠?"

"머물 수 없는 거죠."

무연하게 대답하는 세연은 머플러를 두른 채 낯선 얼굴을 하고
있었다. 그에게로 조금도 눈길을 옮겨놓지 않는 그녀의 얼굴이 밀
랍 같아서 손을 뻗어 온기를 불어넣고 싶었다. 발갛게 볼을 붉힌 뒤

이 문을 나가게 하고 싶었다.

처음에는 입사 지원서 이력서에 붙은 주소에 눈길이 갔다. 아래층 여자.

밤색의 알밤 같은 눈동자를 하고 인사한 뒤 흐트러진 머플러를 매만지던 순간 세연은 그에게 양각되었다. 저 머플러가 왜, 하다 말고 확인차 고양이 사진을 요구했다. 윗집과 잘 지냈으나 이사 가서 관계가 끝났다는 대답에 희란이 주치의에게 갔음을 알았다.

희란과 잘 지냈다는 말이 낯설었다. 자의식 과잉인 여자가 누군가와 잘 지냈다는 게 믿기지 않았다. 엘리베이터에서 마주치는 이웃과 단 한 차례도 인사를 나눈 적 없는 희란이었다. 이웃은 사생활을 침범할 소지가 다분한 방해꾼에 불과했다. 희란과 잘 지냈다면 세연은 누구와도 잘 지낼 수 있는 여자로 보였다.

회사를 나와 세연은 시동을 걸고 액셀러레이터를 밟았다. 도착하고 보니 납골 묘였다.

떠나는 이삿짐 차를 따라가서 알아두었었다. 차마 받아들이기 힘들어 여태 들여다보지 못한 곳이었다. 겨우 이 꼴이 되어서야 인사 왔다. 세연은 머플러를 내려놓고 한참을 서 있었다. 세상에서 제일 작은 수갑이라는 결혼반지와 동물 병원에서 고양이 세 마리를 안고 찍은 사진이 유골함 옆에 놓여 있었다. 사진 속 희란은 행복해 보였다.

"말 안 했어요. 이게 언니 선택이자 의지인 거죠? 난 언니처럼 누군가를 위해 희생하면서 사랑할 자신 없는데, 존경스럽네요. 대단해요."

희란은 남편을 위해 아기를 낳아줘야겠다고 생각했다. 주치의가 말렸으나 결정했다. 자궁을 들어내는 대신 암세포만 절개한 게 문제가 되어 암세포는 난관과 간장으로 전이되었다. 희란은 완치된 적 없이 남편과 이혼했다.

주치의는 희란의 부탁에 상간남 역할을 마다하지 않았다. 결혼 생활을 반추했을 때 희란에겐 후회스러운 추억들이 남편에겐 하지 않았으면 좋았을 경험으로 남았을 게 틀림없었다. 그런 사람에게 홀아비라는 타이틀까지 안겨줄 수 없었다.

돌아 나와 차의 시동을 거는데 직원이 달려와 흘리고 갔다며 세연에게 머플러를 건넸다.

마음대로 버리지도 못하는 게 있다. 버리고 싶은데 굳이 주워주는 바람에 세연은 머플러에 목이 조이는 기분이 들었다. 추억에 온 삶이 저당 잡힌 기분이 들었다. 한 사람의 인연이 얼마나 먼 곳에서부터 얼마나 많은 이가 동원되어 오는 것인지 깨닫자 무기력해졌다.

"버리는 거예요."

시치미 떼고 손을 뻗지 않았다면 얼굴도 기억나지 않는 직원이 대신 버렸을까? 받아들고는 쓰레기통으로 직행했더라면 좋았을까? 누군가 대신 버려주길 바랐을까? 물리적인 머플러야 버렸을지 몰라도, 정말 버렸을까? 그런데 뭘?

다시 또 시간에 기대야 할 일이 생긴 듯했다. 잊어주거나 버려주거나 희미해지거나 멀어져 주는 건 시간보다 잘하는 게 없다. 기화시켜야 할 무언가를 지우는 데 있어 시간은 매우 유능한 지우개이고, 부탁하면 반드시 들어주었다.

인생은 매일 한 걸음씩 움직인다

「나아가다」

집에 돌아와 세연은 며칠을 자다 깨다 했다. 집에 갇힌 채 지내는 날들이 지리멸렬하게 느껴졌다.

"아직도 그러고 있니? 일단 집 밖으로 나가."

엄마는 전화 걸어와선 세연이 여전히 집이라는 말에 한숨부터 내쉬었다.

"나가야 해. 그래야 나아갈 수 있어."

밖으로 나가는 것, 그것을 시작으로 한 걸음 나아가는 것, 그게 절실한 순간이었다.

살아갈 많은 날을 건강하게 보태 가면서 삶을 삶으로 만들어가는 건 '나아가는' 것이다. 그러기 위해 세연은 갇힌 이 집에서 우선 '나가야'만 했다.

도저히 시간을 써먹을 방법이 떠오르지 않던 어느 오후, 세연은 느닷없이 미용실로 갔다. 머리를 짧게 자르고 까맣게 염색했다. 치기 어린 신파가 잘려 나간 것 같아 한결 마음이 편해졌다. 미용실을 나섰을 때 거리엔 쏘다니는 어둠을 희석하려 푸르고 하얗고 붉은 불빛들이 울긋불긋한 카펫처럼 깔려 있었다.

앉았던 자리에 머플러를 두고 일어섰을 때 세연이 들을 수 있는 말은 몇 개일까?

세연은 커피를 흘리는 바람에 젖은 허벅지를 툭툭 털고 한 모금 남은 커피를 마저 비운 뒤 일어섰다. 버려야 했으나 어디에 버려야 할지 몰라서 두고 있던 머플러를 의자 위에 내려둔 채였다.

세연이 앉았던 소파 자리를 탐내 얼른 이동해 온 남녀 커플은 동시에 머플러를 발견하고 같은 말을 했다.

"머플러 흘리셨어요. 갖고 가세요."

"머플러요, 안 갖고 가세요?"

똑같이 머플러를 챙겨주는 말이었다. 세연은 갖고 가라는 남자의 말에 조금 더 마음이 기울었다. 챙겨주는 마음으로 건넨 순한 말엔 행동이 따랐고 흘렸음을 확인하는 말엔 질문과 함께 주워 가라는 의미가 실려 있었다.

같은 친절일지라도 천지 차이인 것을 세연은 남녀 커플을 통해 깨달았다.

세연은 남자를 보고 말했다.

"버리는 거예요."

천연 날염으로 수제 제작한 머플러는 세상에서 오직 하나뿐인 작품이었다. 명품 C사에서 만든 것으로 같은 디자인은 하나도 없

는 것으로 유명했고, 한정 발매로 인해 일부 선택된 고객만이 구매
할 수 있었다.

　세연이 일부러 흘린 머플러는 누군가가 주워서 귀하게 사용할
수도 있을 것이고 무참하게 쓰레기통에 버려질 수도 있을 것이다.
세연은 전자를 바랐다. 자신에게 머플러를 선물해 준 여자를 대신
해 머플러가 오래도록 사랑받길 바란 것이다.

　커피숍을 나가던 세연은 반쯤 문을 연 채 남녀 커플을 돌아보았
다. 머플러는 여자의 손에서 바닥으로 곤두박질치고 있었다. 곤두
박질치는 추억이었다.

이별 앞에 도착한 마음

「시작의 끝」

∴

커피 전문점에서 나온 세연은 스마트폰 하나 달랑 들고 천천히 걸었다.

같이 맞이한 이별이지만 아픔이 끝나는 지점은 다를 것이다. 기억하는 용량도, 숱한 불면의 밤도, 밥 먹다 우는 일의 횟수도 다를 것이다. 무엇 하나도 같지 않을 것이다.

달리는 버스 안에서 그가 세연을 바라볼 때 세연은 그의 허벅지를 바라봤다. 술을 마시면서 그가 맞닿은 무릎에 설렐 때 세연은 그의 붉은 혀를 삼키고 싶어 안달했다. 펄프 공장으로 가면서 그가 우리의 첫 드라이브로 기억할 때 세연은 햇볕이 왕왕대던 들녘을 기억했다. 같은 곳에 있으면서 다른 것을 바라보고 다르게 기억했다.

그건 다른 게 아니라 서로 놓친 것을 더하기 위한 역할 분담이라고 믿었다. 이따금 이야기를 나누며 보충할 때 세연과 승건은 서로의 빈 곳을 채워주며 각자 가진 퍼즐로 서로를 완성하고 있다고 확신했기 때문이다. 이것이야말로 사랑의 가장 올바른 형태였다.

사랑은 먼 길을 돌아 몹시 느리게 오더니 이별은 지름길을 가로
질러 재빨리 왔다.

이제야 세상이 불공평해 보였다. 위로가 되는 건 두 사람 모두
여전히 상대방을 사랑하고 있다는 것이고 그 마음의 무게는 어느
한쪽으로도 기울지 않았다는 것이다. 이것은 사랑을 계산하고 저
울로 잰 것이 아니라 사랑하면서도 헤어져야 하는 모순에 대해 말
하는 것이다. 왠지 이별을 낭비한 것 같다고 말하고 싶은 것이다.
사랑하고자 노력했는데 이별 앞에 도착한 삶이란 얼마나 불공평한
가, 묻고 싶은 것이다.

겨우 집에 도착해서 세연은 지하 주차장으로 내려갔다. 고양이
가 있지 않을까, 자동차 바퀴마다 고개를 빼 물었다. 땀인지 눈물인
지 얼굴이 흥건했다. 위로하듯 건너 자동차 바퀴 밑에서 고양이가
신호를 보내왔다. 야옹. 들여다보면 텅 비어 있었다. 이번엔 맞은편
자동차 밑에서 말을 걸어왔다. 냐아아옹. 승강기를 타려고 하면 야
아우, 조금 더 구체적으로 야아아.

주차장은 아무렇게나 텅 비어 있었다.

세연은 텅 빈 형광 불빛을 향해 말을 걸었다.

"고양아, 야아옹, 나랑 살자. 어딨니? 야아아."

비워둘 수 없는 대답을 가르며 헤드라이트 불을 밝힌 자동차가
빠르게 지하 주차장으로 들어섰다. 탁, 텅. 급하게 열리고 닫히는
자동차 문소리에 그림자 하나가 빠르게 걸었다.

누굴까?

그림자와 그림자가 만들어낸 소리가 환청인지 실재인지조차 세연은 알 수 없었다.

표현의 감각

초판 1쇄 인쇄 2022년 5월 11일
초판 1쇄 발행 2022년 5월 18일

지은이 한경혜
펴낸이 이범상
펴낸곳 (주)비전비엔피 · 애플북스

기획 편집 이경원 차재호 김승희 김연희 고연경 박성아 최유진 황서연 김태은 박승연 이정주
디자인 최원영 이상재 한우리
마케팅 이성호 최은석 전상미 백지혜
전자책 김성화 김희정 이병준
관리 이다정

주소 우) 04034 서울특별시 마포구 잔다리로7길 12 (서교동)
전화 02) 338-2411 | **팩스** 02) 338-2413
홈페이지 www.visionbp.co.kr
인스타그램 www.instagram.com/visionbnp
포스트 post.naver.com/visioncorea
이메일 visioncorea@naver.com
원고투고 editor@visionbp.co.kr

등록번호 제313-2007-000012호

ISBN 979-11-90147-50-7 03190

도서에 대한 소식과 콘텐츠를
받아보고 싶으신가요?